财经易文

www.ewinbook.com

赢得“输家的游戏”

投资者永恒的制胜策略

[美]查尔斯·艾里斯（Charles D. Ellis） 著
刘恩廷　马常松　译

Winning the Loser’s Game

中国财政经济出版社

图书在版编目(CIP)数据

赢得“输家的游戏”/(美)艾里斯(Ellis,C.)著;刘恩廷,马常松译.
—北京:中国财政经济出版社,2009.1
书名原文:Winning the Loser's Game
ISBN 978-7-5095-1103-9

Ⅰ.赢… Ⅱ.①艾… ②刘… ③马… Ⅲ.私人投资—基本知识
Ⅳ.F830.59

中国版本图书馆 CIP 数据核字(2008)第 189682 号
著作权合同登记号:图字 01-2008-4665 号

Charles D. Ellis
Winning the Loser's Game
ISBN 0-07-138767-6

中国财政经济出版社出版
URL: http://www.cfeph.cn
E-mail: webmaster@ewinbook.com
(版权所有 翻印必究)
社址:北京海淀区阜成路甲 28 号 邮政编码: 100036
发行电话: 010-88191017
三河市和达印务有限公司 各地新华书店经销
787×1092 毫米 16 开 13.25 印张 138 千字
2009 年 1 月第 1 版 2009 年 1 月北京第 1 次印刷
定价:29.80 元
ISBN 978-7-5095-1103-9/F·0925
(图书出现印装问题,本社负责调换)

推荐序

换一种思路

林义相

如果有人对你说：规划健全的长期投资计划时，以10年为一个单位最为适宜，你会有什么样的反应？如果有人对你说，每10年对你的投资策略进行一次检讨，你又会有什么样的反应？在查尔斯·艾里斯先生看来，因为探讨10年这么久的时间，会提醒我们健全的投资具有长期性质。我们在规划时，明确考虑相当长久的时间，会比较明智，思虑一定会比较周到。但是，10年，这对于中国的投资者来说实在是太漫长了，对于中国的股票市场来说也实在是太漫长了。上海证券交易所和深圳证券交易所成立至今还不到20年的时间。我们从周围感觉到的投资期限，完全是另外一个概念，一年以上就算是长期的了，半年是中期，短期则是指几个星期甚至几天。但是，本书作者告诉你，如果你在最近的二三年内需要用钱买房子，那么这笔钱最好不要投资在股票上。《赢得“输家的游戏”》中的投资期限与我们股票市场操作中的期限，简直就像是两个世界中的概念。但这里面难道没有值得我们思考的地方吗？我国股票市场的产生和发展是与我国的国有企业改革和国有经济改革相联系的，是我国经济现代化的一个重要组成部分。我国的改革和经济的强盛绝不是一朝一夕可以实现的，我国股票市场的发展和股票投资的期限也应当从这样一个长期的过程来加以考虑。只要我们对我国的经济发展和经济现代化前景有信心，就应当对我国的股票市场有信心。最好的投资方式，就是买了股票后至少放个十年八年，赚取与我国的经济发展整体成就相适应的长期投资回报。

长期投资策略确定以后，还需要把握股票买进与卖出的时机。《赢得“输家的游戏”》告诉大家，大多数投资因为太受人性左右，比较喜欢持续上涨的股市，而且在股价已经高涨时，热衷于买进更多的股票，在股价已经很低的错误时间受到诱惑卖出。对于很多投资者常犯的此类错误，正可谓一针见血。本书进而告诉你，对于长期投资者最为有利的股票市场状况是股市的大跌，而不是大涨。这与我们的直觉简直是背道而驰。但冷静想想，其中似乎有我们的直觉无法达到的智慧。

在投资时机方面如此，在投资的品种方面又怎样？本书告诉我们：投资者在很多共同基金之间换来换去，这种严重的错误是自找麻烦，是不了解或不能了解从一而终的重要性，这样一定会尝到苦果。只要我们把这段话中的共同基金换成股票，或者我国的证券投资基金，这句忠告对我国的证券投资者就完全适用了。尤其是在交易手续费和交易印花税很高的时候，有多少投资者算过，亏在不断变换投资品种上的钱有多少？

确实没有多少人对这些费用予以足够的重视，更没有几个人注意到诸如管理费等长期费用加在投资业绩上的负担是何等沉重。以基金为例，如果基金的投资业绩与市场大盘持平，假设基金的年管理费和托管费之和为2.75%，基金的期限为15年，那么，在这个基金的存续期内，这样的费用将耗去你投资总额的30%以上。也就是说，你在基金上投入的100元，事实上只相当于不到70元是你的真正投资并为你带来回报。真是不算不知道，一算吓一跳。

当然，有人会对这个算法提出异议，尤其是基金管理公司的专家们。他们会说自己是投资专家，不是一般的散户，他们可以获得比市场高的收益率。在投资基金出台的时候，不仅基金管理公司自己是这样说的，很多投资者也是这样说的，甚至连某些带有官方色彩的材料中也是这样说的。这样的说法几成共识，似乎这就是投资基金的优势所在，似乎这才是投资基金存在的理由。短短几年的投资基金实践已经无情地打破了基金管理公司的专家们在投资管理上的神话。这不是我国基金业专家们的过错，也不是他们的无能。正是因为他们都太能干，都太聪明，以至于无人能够比其他人更能干、更聪明，无人可以持续地获得比其他人更高的投资回报。如果我们在3年前读到《赢得“输家的游戏”》一书，那么我们一定会明白：“对投资者而言，要达成有益的成果，真正的机会不在于努力超越大盘，而在于建立并遵守适当的长期投资策略，使投资组合能够跟随市场的长期主要动力而受益。”《赢得“输家的游戏”》一书多次重复的一个观点就是，试图“击败市场”是一种输家的游戏，最好的对策就是不参加这种游戏。当然，我们也不应该相信输家游戏中的常胜将军！

我们不应该相信，也不应该要求投资基金的经理们做得比市场更好。如果基金经理能够做得跟市场一样，已经很不错了。我们投资于基金并支付管理费，并不是要求比市场更高的投资回报，而是因为有投资经理们为投资者操劳，为投资者进行日常的投资管理。作为投资者和投资管理者，其角色是完全不同的。

对于投资经理人的评价，最重要和最好的标准并不是投资组合的回报水平，而是要看投资经理人是否遵守承诺，完成投资者交给他并期望他完成的任务。投资结果偏离投资者预先的要求，如果没有合理的解释，那么投资管理人就不是一个称职的管理人，而不论这种偏离是让投资者承受损失还是获取意外的收益。

一个好的投资基金的投资者或资产的委托者应当做到以下几点：第一，了解自己的投资目标和真正的耐力，检讨自己忍受投资失利的能力。你所承担的风险绝不能超过自己的承受力。第二，了解投资市场的状况，不要期望投资经理能够获得超过他们能力的成绩。如果你坚持要有“击败市场”的业绩，你会找到愿意做这种承诺的经理人，但是他们的承诺可靠吗？选择经理人时，要找有能力完成你交付的任务、了解而且接受这一任务的人。第三，要经常努力规范自己，要有信心，信守稳定的长期计划。看来，做一个合格的投资者并不比做一个合格的投资管理者更轻松容易。

《赢得“输家的游戏”》一书给了我们很多不符合直觉的观点和想法。上述关于投资期限、投资时机、投资品种、投资费用、投资管理人以及投资者自身等各个方面有悖于常理而又合情合理的精彩论述都为我们提供了证明。虽然本书的丰富内容不止这些，但这已经足以让我们换一种思路来考虑投资问题了。

目　录

前　言

“这次不同了。”在20世纪80年代和90年代大牛市的后期，这几个字开始在投资团体和公众媒体上流传开来。随着股票市场发疯式地增长以及对dot. com公司革命的预期，投资变成了美国人新的全国性消遣。专业投资者和业余投资者都被一种观念所迷惑：老的投资法则被一种新的经济范式所取代。谁还关心收支平衡、分散风险以及长期投资呢？

但是，这次也没什么不同。正如过去经常发生的一样，市场再一次证明了鲁莽的投资和不计后果的投机是愚蠢的。对很多人来说，这是一个痛苦的教训。在2000年春天投机泡沫爆裂时，市场损失了上万亿美元。

前事不忘，后事之师。温习一下经过时间检验的至理名言总是有益的。《赢得“输家的游戏”》就是这样一种资源。这本书源于艾里斯1975年发表于《金融分析家月刊》（*Financial Analysts Journal*）上的一篇文章，这篇文章分析了试图打败市场的愚蠢性，是一篇见解深刻、引起很大争议的文章。自1985年第1版出版以来，本书就成为投资者的必读书和试金石。尽管这本书的假设在1975年看起来似乎是反传统的，但其中蕴含的智慧却一次次得到证明。直到今天，从我的观点看，这篇文章仍然是有史以来关于投资的最全面、最实际、最有意思的作品。多年来，我曾经多次温习艾里斯的深刻见解，每次都能发现新的涵义。

我第一次领略到艾里斯的智慧是在1980年读MBA期间。他那篇发表于1975年、标题为《输家的游戏》（*The Loser's Game*）的文章被指定为投资管理课程的必读文章。我还记得当时我拿起这篇文章，认为它很可能不会告诉我什么我不知道的新东西。但等待我的是惊讶。

我看到的是一篇用平实的语言——就连MBA学生都能理解的术语——写成的一篇非常有说服力的文章，它解释了投资管理如何从赢家的游戏转变成输家的游戏。在20世纪70年代，随着这一行业被机构投资者（institutional investor）所主宰，战胜市场的机会变得更加微乎其微。作者比较了投资与另一个输家的游戏——业余网球比赛——在这种比赛中，获胜者通常是犯错误少的人，而不是努力尝试发出好球的人。

1982年，当我从生产企业跳槽到货币管理行业并加入Vanguard公司时，我的一位新同事又给了我一份艾里斯那篇著名的文章作为见面礼。作为指数投资领域的领先者，Vanguard公司在“输家的游戏”中为投资者提供了一种全新的武器。指数基金试图匹配而不是超越市场的表现，而且随着时间的推移，这种被动的方法逐渐在绩效方面显现出了巨大的优势。

但是，这次我以一个行业参与者的观点再一次阅读了这篇文章。最让我产生共鸣的是作者对投资产业失败的直言不讳的评价。然而，作为一家共同基金公司，Vanguard拥有一种与众不同的公司结构，其设计前提是：更好的共同基金公司形式可以赢得输家的游戏。投资管理公司可以通过采用一种有纪律的（disciplined）、敏锐的投资方法，并将其客户的需求放在首位，从而成就一种强大的、可持续的长期竞争优势。我们开始通过格林威治公司（Greenwich Associates，由艾里斯于1972年创立，是一家国际商业战略咨询公司）来获得艾里斯的咨询经验。

由于我们关于投资的观点相同，所以查尔斯·艾里斯与Vanguard公司建立一个正式的联盟只是迟早的事。令我感到高兴的是，在他从格林威治公司退休后，我们将他聘入Vanguard公司的董事会，这个联盟终于在2001年建立了。现在我可以幸运地以Vanguard公司数百万投资者的名义定期请他提供专家意见。由于长期以来深受其思想的影响，我很高兴能够近距离地分享他的经验与观点。

《赢得"输家的游戏"》一书重要的且经得起考验的一面是它对所有的投资者都具有广泛的适用性。第4版尤其如此，新版增加了5个新的章节，包含了指数基金优势的新资料。

- 专业投资者（或者那些渴望成为专家的人）将会发现一个为了成功而必须克服的明确的挑战，即保持谦逊。
- 受托人将会发现一套管理重要的资金池（pools of capital）以确保目标和目的得以实现的指导方针。
- 个人投资者将会发现经过时间检验的建议和宏观图景——一种可以在各种投资环境中提供"现实性检验"（reality check）的有价值的资源。

自从《输家的游戏》一文于1975年发表以来，投资业经历了一次重要转变。那时，个人退休账户（individual retirement account，IRA）刚刚出现，401(k）退休计划还没有面世。但在随后的10年中，发生了一个重大事件：由于IRA和401(k）的出现以及股票市场的长期走强，数以百万计的美国人发现了长期投资的好处。到2000年底，美国投资者投资于IRA的资金达到2.7万亿美元（其中46%投资于共同基金），投资于401(k）的资金达到1.7万亿美元（其中45%投资于共同基金）。2000年末，美国个人及机构投资者投资于共同基金的总资产——包括退休资产和非退休资产——总共达到7万亿美元。

这一显著增长的核心是基于财务授权（financial empowerment）这一简单的概念。个人可以通过有纪律的投资对其财务福利承担责任。不管目标是为子女储蓄大学教育费用，还是为退休或其他长期需求储备资金，成功都取决于一个简单而又明智的方法：建立一个适合你自己的目标、时间范围并能最小化你的成本的谨慎的、分散的投资计划——然后坚持执行。自制力强的投资者有信心去忍受不可避免的市场下跌。与那些狂热地买卖基金和证券、徒劳地希望击败市场的投资者相比，也许他们晚上睡得更安心。最重要的是，最终他们在增加财富方面会更成功。

投资者总会在某些时候试图放弃投资的基本原则而屈服于贪婪或恐惧。这正是我们在20世纪90年代投机性股市泡沫中以及在泡沫破灭后的激烈反应中所看到的，那时，非理性的恐惧使得一些长期投资者逃离了股市。《赢得“输家的游戏”》对投资的风险与回报采取了一种平衡、现实的观点，对于那些正在努力了解近期股市历史的投资者来说，这正是本书的价值所在。

书店的书架上挤满了投资类书籍，但依我来看，其中只有极少数是必读书。多年来，我曾经向很多商学院的学生、Vanguard公司的新员工以及我的朋友们推荐过这本书，现在我很高兴向你推荐这本必读书。

约翰·布伦南（John J. Brennan）

于宾夕法尼亚州马尔文

致　谢

我很幸运。作为格林威治公司（Greenwich Associates）合伙人的30年中，有很多年我是与美国、澳大利亚、加拿大、日本和欧洲主要的投资管理公司的领导者共事的。我们的讨论是开诚布公的、严肃而又客观的。我永远感谢他们为我提供了学习、理解投资管理的独一无二的机会。

我要特别感谢参加了一系列为期三天的投资管理学术研讨会的高级投资专家们。这些研讨会是由我在Donaldson，Lufkin，and Jenrette的朋友和以前的合伙人主办的，我有幸当了33年的领导人。本书的许多观点都是在这些研讨会的基础上发展而来的，其他一些观点来自我在哈佛商学院和耶鲁管理学院的教学体验，以及AIMR每年夏天在普林斯顿为高级专家举办的在职培训课程，还有一些是与致力于为全球专业组织提供服务的ICFA及AIMR公司的同事进行讨论的结晶。

本书观点的最后一个来源是我在耶鲁投资委员会的任职经历，特别是与大卫·斯文森（David Swensen）、迪恩·高桥（Dean Takahashi）、理查德·莱文（Richard Levin）的讨论。

最后说一下，我是Vanguard公司的董事之一。我写这本书并不是由于我任职于Vanguard公司，而是刚好相反。我很高兴、很荣幸能够加入Vanguard公司，因为这家卓越的公司致力于为有志于在投资中获得成功的投资者服务。

很多朋友慷慨地与我分享了他们的时间与观点，他们包括Linda Koch Lorimer，Chad Ellis，Harold Ellis，Claude Rosenberg，Jason Zweig，Jonathan Clements，Dero Saunders，Tad Jeffrey，Rosalind Whitehead，Dean LeBaron，Paul Bordeau，and Yuji Kage。Shirley Cacace 完成了所有的录入工作。

查尔斯·艾里斯

于纽黑文

CHAPTER 1

第1章 输家的游戏

绩效评估公司总是不断地发布一些令人不愉快的数据。这些事实和数字一再告诉我们投资经理绩效不佳，即无法击败市场。即使偶尔有超过平均水平的表现，提高了我们的期望，但这种期望也很快就被打破，变成虚假的希望。与他们常说的超越市场平均的目标相反，全美国的专业投资经理没有能够击败市场，反而是市场打败了他们。

在面对和自己的信念相反的信息时，人们通常会有两种反应。有些人会忽视新的知识，而坚持原有的信念；有些人会接受新信息的正确性，在理解现实时将其列为考虑因素并加以利用。

投资管理一向是以下述单一基本信念为基础，即专业投资经理可以击败市场。这种假设似乎是错误的（参见图1.1）。

如果能够超越市场的假设正确，那么如何去做以便获得成功就变成了一个简单的逻辑问题。

首先，因为整个市场可以用被动和公开挂牌的指数如标准普尔500指数（S&P 500）来代表，成功的经理人只要重新安排投资组合，使投资组合胜过“没有头脑”的S&P 500就成了。经理

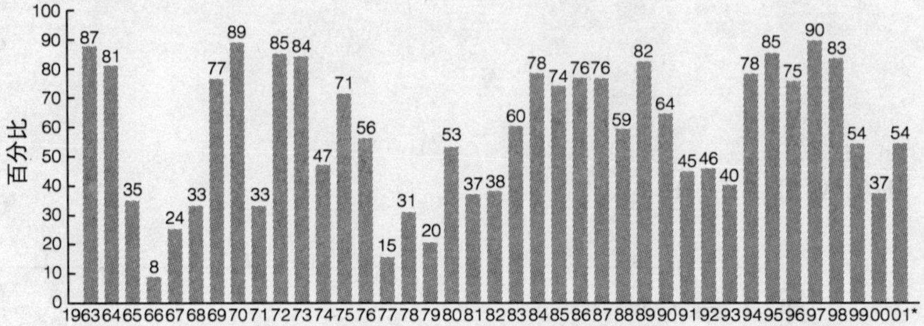

图 1.1　1963～2001 年间表现超过 S&P 500 指数的一般股票型基金

人可以在选股上别出心裁，可以策略性地强调特定类股，或进行波段操作（market timing），也可以采用这些策略的不同组合。

其次，主动的经理人希望尽量多地制定"正确的"决策，因此，他一定会纠集一批天资聪明、受过良好教育、雄心勃勃、工作努力的专家，他们的共同目标是找出并买进价格被低估的证券，卖出价格被高估的证券——通过与大众精明的对作以击败市场。

投资经理没有击败市场，市场反而击败了他们。

不幸的是，大部分机构投资者可以击败市场的基本假设是错误的。机构就是市场，它们作为一个整体不可能表现出超越自己的绩效。事实上，考虑主动管理的成本——费用、佣金、交易对市场的影响等——在长期中，75% 的投资经理的表现会低于整体市场的表现。

因为投资机构太多，都有能力和决心创造良好的绩效，以致投资管理已经不再是“赢家的游戏”，而变成了“输家的游戏”。短线交易更糟：它是傻瓜的游戏（sucker’s game），永远别那么做。

在分析机构投资如何从赢家的游戏变成输家的游戏之前，我们先考虑这两种游戏之间的重大差别。在赢家的游戏中，结果由赢家的正确行动决定；在输家的游戏中，结果由输家所犯的错误决定。

天合公司（TRW Inc.）杰出的科学家西蒙·蓝莫博士（Dr. Simon Romo）写了一本关于比赛策略的优秀作品，书名为《网球庸手的高超打法》（*Extraordinary Tennis for the Ordinary Tennis Player*），指出了赢家的游戏和输家的游戏之间的重大差别。多年以来，蓝莫博士发现，网球不是只有一种打法，而是有两种打法：一种是职业球员和极少数极具天赋的业余选手的打法，一种是所有其他人的打法。

> 投资已经从赢家的游戏变成了输家的游戏。

虽然两种打法的球员都使用相同的器材、服装、规则和计分方法，并且遵守相同的礼仪和习惯，但玩儿的游戏却大不相同。蓝莫博士经过深入的科学与统计分析后总结道：职业球员赢分，业余选手失分。

在职业网球比赛中，最终结果由赢家的行为决定。职业网球选手击球力量强劲，像激光一样精准，经过多个回合，直到有一方迫使对方救不到球，或是迫使对方失误为止。这些高水平的球员很少犯错。

蓝莫博士发现，业余网球赛几乎完全不同，结果由输家决定。原因是：高质量的发球、精彩的拉锯战、神奇的救球很少出现。相反，球经常打到网上，或是打到界外，发球双误也相当常见，业余球员很少能够打败对手，反而是一直在击败自己。在这种网球比赛中，胜利者得到比较高的分数是因为对手失分更多。我们应该集中于稳定性和把球挡回去，而不是试图加大发球的力量或把球打得离边线更近。

作为科学家和统计学家，蓝莫博士采用了一种很聪明的方法收集数据，测试自己的假设。他不是记录传统的比赛分数，如0:0、15平、30:15等，而是简单地计算得分和失分。他发现在职业比赛中，大约80%的分数是赢分，而在业余网球比赛中，大约80%的分数是失分。

这两种打法截然相反，职业网球赛是赢家的游戏，结果由赢家的行为决定；业余网球赛是输家的游戏，结果由输家的行为决定——输家自己打败了自己。

著名的军事史专家萨缪尔·莫里森（Samuel Elliot Morison）海军上将在其见解深刻的作品《战略与妥协》（*Strategy and Compromise*）中，也提出了一个类似的观点。书中指出：“在战争中，错误不可避免。军事决策基于对敌人的力量与意图的估计，而这种估计通常是错误的，另外，指挥官还基于永远都不完全且经常造成误导的情报来制定决策。”莫里斯的结论是：“在其他条件不变的情况下，犯战略错误最少的一方会赢得战争。”

战争是极端的输家游戏，业余高尔夫比赛是另一种。汤米·雅穆尔（Tommy Armour）在其作品《如何在高尔夫球比赛中随时发挥最高水平》（*How to Play Your Best Golf All the Time*）中指出：

“赢球最好的方法是尽量少打坏球。”所有只在周末打高尔夫球的人应该认同这个说法。此外，有很多游戏也是输家的游戏；有一些，如机构投资，原本是赢家的游戏，但随着时间流逝已经变成了输家的游戏。例如，七八十年前，只有非常勇敢、灵活、意志坚定、视力很好的年轻人才有胆量尝试开飞机，在当年那种光荣的岁月中，飞行是赢家的游戏。但是，时代变了，飞行也改变了。今天如果你搭乘的波音747客机的驾驶员戴着完成50次飞行任务的纪念帽、脖子上围着白色的长丝巾走上飞机，你一定会下飞机。这种人现在已经不该再操纵飞机了，因为今天的飞行变成了输家的游戏，只有一条简单的规则：“不能犯错。”

同样，近几十年来，我们称为“金钱游戏”的投资管理已经从赢家的游戏演变成了输家的游戏[①]。投资环境已经发生了根本的改变，20世纪70年代，市场逐渐受那些努力战胜市场以期获得成功的机构主导。在短短的40年间，投资机构的市场活动从只占公开交易总量的10%，增加到压倒性的90%。所有的重大差异都是由此而来。活跃的投资经理不再和谨慎的托管人或不熟悉市场的业余人士竞争，现在他们要在一场输家的游戏中与其他专家竞争。在这场游戏中，赢的秘密就是比其他人输的少。

这场金钱游戏中有一群强敌，每天至少有200家大型机构投资者以及1000家中小型机构用最激烈的竞争方式，时刻在市场中进行操作。50家最大、最活跃的机构占去整个市场交易的50%。因此，我们买进或卖出时，大约有一半的时间是在与这些拥有一切资源的超大型专业机构进行交易。

在新游戏规则下，关键的问题是：活跃的经理人要多能干，

① 或许赢家的游戏是一种自我毁灭的游戏，因为它吸引了太多的玩家参与，所有参与者都想赢（这也是淘金热的结局总是不太好的原因）。

才能至少收回积极管理所需的成本？答案令人望而生畏。如果我们假设投资组合的周转率（portfolio turnover）为80%（暗示基金经理持有一只股票15个月；15个月大约是基金管理业的平均持有期间），而且买进和卖出的交易总成本各约为1%（包括佣金和买卖的价差），加上1.25%积极管理的费用（略低于美国股票型共同基金的平均值），那么，一般基金每年的操作成本为2.85%[①]。

在一个由竞争力极强、消息灵通、持续活跃且很少犯大错（当他们犯错误时，他们会迅速修正，或者眼看着自己的错误被其职业竞争对手利用）的专业投资者主导的市场中，要收回这些成本十分困难。例如，假设股票年平均回报率为10%，积极的经理人必须获得额外2.85%的收益以覆盖年度操作成本。如果基金经理只希望在扣除成本后能够获得与总体市场相同的10%的回报率，则在扣除成本前，基金经理就必须获得12.85%的回报率。换句话说，即使你只想和大盘表现得一样好，你的基金经理也必须能够超越整体市场28.5%[②]!

严酷的现实是，大多数投资经理在金钱游戏中一直都是输家。历史记录显示，整体而言，在由专家管理的基金中，有3/4的表现不如标准普尔500股价指数。

因此，声称“我是赢家，我可以在金钱游戏中获胜”的人，

① 计算方法为：1.25% +0.80×(1% +1%)。包含在交易成本中的因素远不止经纪人佣金和交易价差。显示交易成本到底多大的最佳方法是用“虚拟投资组合”理论上的成果与“真正投资组合”的实际结果相比较。专家会告诉你其间的差异总是十分惊人。还有另一种交易成本——因为市场看来流动性极高，这会使你愚蠢地介入股票市场，而你在不能“确定”随时可以退出时，原本是不会介入的。这是真正的流动性陷阱。试想，人们如果不是确有把握不会被抓住，那么他们在高速公路上的行为会有多大的不同。投资也一样，你并非总是被套牢，也并非总是不会被套牢。这些成本都是总交易成本的一部分。

② 这一点使沃伦·巴菲特和约翰·耐夫（John Neff）持久的优异表现显得格外令人感到惊讶。

现在要负起举证的责任。因为在输家的游戏中，只有傻瓜才会支持假的“赢家”。投资者有权要求投资经理解释他们将会采取哪些行动，并说明为何这样做会有非常好的结果。

如果从整体来看，投资经理不能击败市场，那么投资者至少应该考虑投资于作为“市场复制品”的被动式指数基金。绩效评估公司声称，在长期中，指数型基金的表现一定胜过大多数投资经理。

投资变成输家的游戏，特别是对那些管理主要的共同基金和投资管理公司的人来说尤其如此。其原因是：在每一位投资经理都想要解决的复杂问题中，他和他众多坚定不移的对手寻找解决方案的努力，已经成为了主导性的变量。而他们战胜市场的努力已经不再是解决方案中最重要的部分，经理人本身现在是问题最重要的部分。

任何一位希望超越其他专家的投资经理都必须具备极其高超的技巧，行动要极为迅速，才可能经常抓到其他专家的错误，也才能有系统地先于其他专家利用这些错误。正如彼得·德鲁克（Peter Drucker）解释的那样，有效率地（efficiently）工作意味着如何正确地做事情，而有效地（effectively）工作意味着做正确的事情。投资咨询服务帮助投资者做正确的事情。投资顾问主要的专业任务是帮助每一位客户识别、理解并持之以恒地坚持长期投资目标，而这一目标既要在资本市场中具有现实性，也要适合客户的目标。

工作中最艰难的部分不是确定最优的投资策略，而是对合理的投资策略的坚持，以及维持迪斯雷利（Disraeli）所谓的“对目标坚定不移”。在高涨的或低迷的市场中坚持长期目标是极其困难的。在任何一种情况下，冲动都是最强烈的，而且当前的市场行为也似乎迫切地要你做出改变，因为明显的“事实”是最有说服力的。这就是为什么在一种情绪化的环境中难以保持理性的原因。在任何时候都能坚持合理的策略极为困难，但极为重要。这正是投资者能够从合理的投资中获益的原因。不能持之以恒的代价会非常高昂。

投资经理表现令人如此失望的主要原因，是在短短的30年间，他们工作的竞争性环境已经发生了彻底的改变，而且情况越来越糟糕（人们应该记得，在气候发生巨变前，恐龙曾经称霸地球超过1亿年）。

在分析投资气候的改变之前，让我们提醒自己，从边际的角度看，积极的投资总是一种负和博弈（negative-sum game）。在投资者之间改变投资本身是一种零和博弈（zero-sum game），但必须扣除佣金、费用以及市场影响，其净结果就变成了负和博弈。

要想通过积极管理实现高于平均水平的目标，你需要利用其他人犯下的错误。其他人必须表现得似乎他们真的愿意输，这样你才能赢（在扣除你的操作成本后）。20世纪60年代，当机构的交易量只占纽约证券交易所（NYSE）交易量的10%而个人投资者占90%时，大量的业余投资者实际上必然会输给那些专家。我们可以通过考查个人投资者的一些特征来理解情况为什么是这样。

个人投资者根据来自股市外部的原因购买股票：他们购买股票是因为他们继承了一笔钱、获得了一笔奖金、卖掉了一幢房子，或者是其他令他们高兴的原因，使他们有钱投资，而不是某些直接与股市相关的原因使他们投资于股票。他们几乎总是根据与股市无关的理由而卖出股票：他们的一个孩子要去上大学，或者是他们打算买一套房子。

另外，个人投资者通常不会对股市中的大量可选择的股票进行广泛、严格的对比。大多数个人投资者对上市公司没有什么了解。许多人依赖于来自报纸、电视、朋友或零售股票经纪人（retail stockbroker）的消息——这些人很少是专家。个人投资者可能会认为在投资时他们了解了一些重要信息，但他们以为自己知道的几乎总是虚假的，或者是无关的，或者是没什么价值的信息（因为它早就为人们所知道，并且已经被时时活跃在市场中的专家们考虑到了市场价格因素当中）。因此，个人投资者的行为就是市场研究人员所说的“无信息”（informationless）的交易（这个词是描述性的，感觉不愉快的人太敏感了）。

回头再看看20世纪60年代的专业投资者——他们总是在市场内部工作，对他们可以获得大量最新信息的成千上万只股票的价格与价值进行严格的对比——他们认为他们能够战胜主导着股票市场、交易量占总交易量90%的个人投资者。那时，专业投资者能够并真的战胜了业余投资者。但那是几十年前的事了。

现在情况已经大不相同了。40年来，共同基金、退休基金、对冲基金的巨大发展，以及机构投资组合的改变越来越频繁，使得90:10这一古老的比率发生了彻底的转变。今天，纽约证券交易所所有的“公开”交易中，90%是由专业投资者完成的。事实上，所有交易的75%是由100家最大、最活跃的机构中的专业投资者完成的，纽约证券交易所中所有交易的50%是由50家最大、最活跃的投资机构中的专家完成的。

他们是多么硬气的专家呀！他们是大学和研究生院里的顶尖人物，是“最优秀的”——遵守纪律且理性、要面对成千上万分析师提供的大量信息、努力工作、非常具有竞争性——他们都为了胜利而参与这一游戏。的确，专家们也会犯错误，但其他专家总是在寻找别人的错误并随时准备以最快的速度扑上去。有吸引力的投资机会不会经常光顾，而它们出现的时间也不会太长。是的，一些专家在一年中或在十年当中战胜了市场，但如果仔细分析以前的记录，我们就会发现，只有极少数专家能够持续超越市场平均值。

更令正在寻找超级投资经理的投资者失望的是，那些在过去取得不凡成绩的经理似乎不会在未来取得同样的成绩。对于投资成绩来说，过去不是预示未来的前兆。在物理学和社会学中，回归到平均值（行为向“一般”或平均水平移动的趋势）始终是一种强大的现象，在投资方面也是如此。因此，很多专业投资经理非常优秀，他们使得任何一位专家几乎都不可能在他们共同主导的市场中脱颖而出。

如果参与试图击败市场的输家的游戏，大多数投资者注定要失败。尽管如此，令人兴奋的事实是，每一位投资者都能够成为赢家。为了成为长期中的赢家，我们所要做的就是要改变我们的方向，集中于制定现实的长期目标、实现目标的合理策略并具备自律、耐心以及坚持下去的坚韧。

CHAPTER 2

第2章 击败市场

扣除市场风险因素后，要击败市场，唯一的方法是发现和利用其他投资者的错误。

击败市场确有可能，而且大部分投资者在某一个时期内都击败过市场，但是，很少有投资者能够聪明到在长期内始终击败市场。

积极的投资经理人可以运用下列所有投资方针，或只利用其中的一种：

1. 波段操作。
2. 选择特定股票或某一类股票。
3. 改变投资组合的结构或策略。
4. 高瞻远瞩的长期投资观念或哲学。

即使是最不常观察市场和股票的人，看到明显胜过“一般绩效”的众多大好机会也会怦然心动。大盘、主要类股和个股的走势会呈现一种假象，显示积极的投资者可以创造更高的绩效。毕竟，我们亲眼看到了明星们在体育、戏剧、医疗等领域的表现持续超越一般人的表现，那么为什么投资经理就不能持续超越一般水平呢？简单地说，为什么击败市场这么难？

要提高潜在的投资回报率，最大胆的方法是利用波段操作，典型的波段操作者在市场上进进出出，希望在市场上涨时把全部资金投进去，价格下跌时把资金全部撤出来。还有一种波段操作的方式，是把股票投资组合从预期表现会不如大盘的类股中退出，投入表现可能优于大盘的类股。记住，每次进入或退出市场时，你买卖的对手都是最优秀的专家。（当然，他们也不总是正确，但你有多少信心能够确保你比他们更正确呢?）更进一步，每次采取行动你都要支付交易成本或共同基金销售费用。除非你正在管理一个能够避税的退休金账户，否则每次获得利润你都要支付税收。

在债券投资组合上从事波段操作的人希望在利率下降促使长期债券价格上涨前，把投资组合转入很久以后才会到期的债券上，在利率上升驱使长期债券价格下跌之前，再转入近日就会到期的债券上。

要击败市场，唯一的方法是利用其他投资者的错误。

在平衡型投资组合中，从事波段操作的人就要在股票的整体投资回报率高于债券时，致力增加股票投资的比重；在债券整体投资回报率高于股票时，转而进行债券投资；在短期投资工具的整体投资回报率高于债券或股票时，则进行短期投资。

在以 1940 年到 1973 年间两种投资成效为例进行比较分析时我们可以发现，波段操作的潜力十分诱人。第一种投资是在行情上涨时百分之百投资股票，市场下跌时则保持百分之百的现金。

在这 34 年里，一共交易 22 次，买进和卖出各 11 次，以道琼斯 30 种工业股票指数作为股价的代表，1000 美元会增加到 85937 美元。

在同样的 34 年里，这个假设的投资组合总是百分之百投资，而且总是投资在表现最好的类股中，同样投资 1000 美元，买进和卖出各 28 次，最后会暴增到 43. 57 亿美元！在这段期间的最后两年，投资者必须胆识过人，必须在 1971 年元月把 6. 87 亿美元投资在饭店类企业，这样到年底会变成 17 亿美元，然后再投资黄金类股票，到第二年圣诞节会暴增到 44 亿美元！这个例子当然很荒唐，从来没有人取得过这种成绩，将来也不可能有人能够做到如此优秀。

在股票价格被高估时精明地卖出，降低暴露在市场中的风险，等价格似乎跌到诱人的低位时，再大胆投资。这种低买高卖的方法虽然很吸引人，但是强有力的证据显示，要想提高回报率，波段操作不是有效的方法，其中有一个残酷而有说服力的原因：就长期而言，这种方法通常行不通。波段操作无效是因为没有哪位投资经理能够始终比其专业的竞争对手更聪明，还因为在短暂的时间里会有大量的股市“行动”发生，而投资者很可能成为传统意见的俘虏。

一般来说，不管投资者是在市场内还是在市场外，股票市场都一样正常运行。因此，与采取简单的买入并持有策略相比，在一段时间内退出市场的投资者会损失金钱。

对波段操作的困难性，最深刻的见解也许来自一位经验丰富的专家，他坦诚地感叹道：“我见识过许多波段操作的手法，在40年的投资生涯中，我也尝试过其中大部分方法。在我采用之前，它们都是很好的方法，但对我来说没有一个有效。一个都没有。”

就像有“老”飞行员，也有“大胆”的飞行员，却没有“大胆的老”飞行员一样，也“没有”靠波段操作一再成功的投资者。贪心或恐惧促成的决策通常都是错误的，通常也太慢，而且很可能需要反过来操作才是正确的。在真正进行投资时，不要试图猜透市场或胜过众多专家，以便能够“卖高买低”，你一定会失败，而且可能输得很惨。

第二个原因更清楚。图2.1显示了在去掉市场表现最好的日子后长期复合投资回报率的情况。去掉表现最好的10天，平均投资回报率就会减少17%（从18%降为15%，这10天占整个期间的比例不到0.25%）。再去掉次佳的10天后，投资回报率会减少至13.1%。去掉表现最好的30天后（这30天占整个期间的

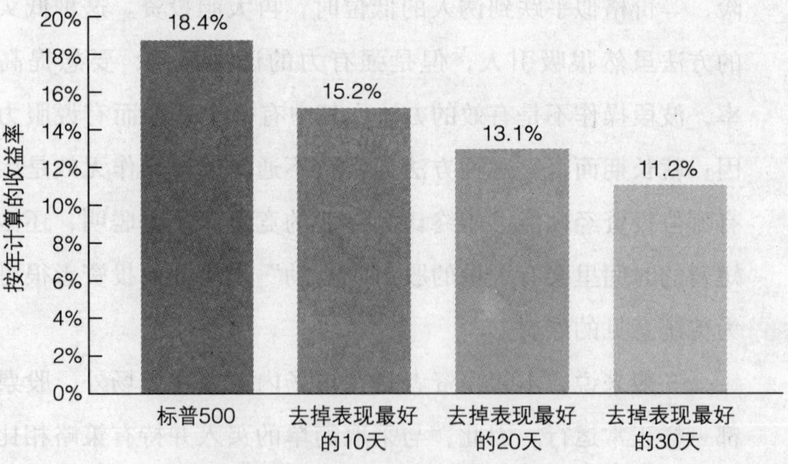

图2.1　1982~2000年复合收益率（%）

0.5%），投资回报率几乎减少了 40%，从 18% 降低为 11%。图 2.2 显示出在计算长期平均值时去掉表现最好的年份后，会得到类似的结果。

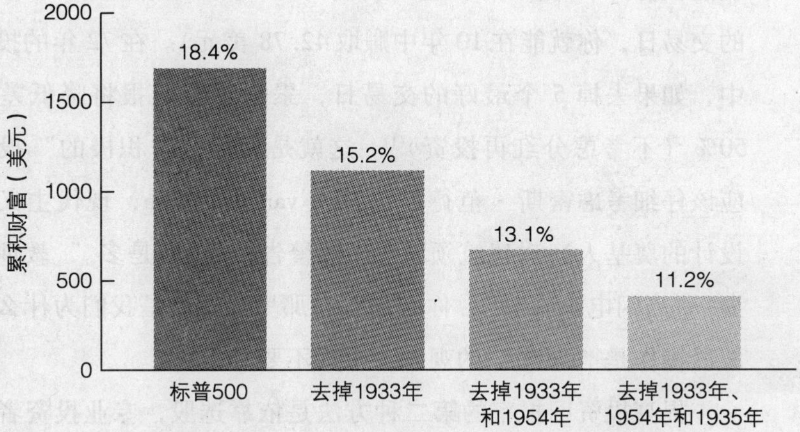

图 2.2　1928 年投资 1 美元到 2000 年的累积回报

> 波段操作是“邪恶”的观念，永远不要去尝试。

本书用标准普尔 500 平均回报率作为衡量依据，迅速、明确地说明了下述主旨：在过去的 75 年里，股票所有的回报几乎都是在表现最好的 60 个月内缔造的，这 60 个月只占全部 800 个月的 7%（要是我们能够知道是哪些月份，想想看获利会有多高！但是，我们以前做不到，以后也不可能做到）。我们的确知道一个简单而宝贵的事实：如果错过了这些表现绝佳但不算太多的 60 个月，我们会错失掉整整两代人才能累积起来的几乎所有投资回报。普赖斯（T. Rowe Price）最近的一项研究表明，在 1989 年 6

月至1999年6月的10年间，投资1美元于标准普尔500指数，如果错过90个最佳交易日，你将损失22美分。如果错过60个最佳交易日，你将只能赚取33美分。但如果你持续投资于股市，你就能获得5.59美元的收益（诱人的是，如果你能避开90个最差的交易日，你就能在10年中赚取42.78美元）。在72年的投资期中，如果去掉5个最好的交易日，累积复合回报将降低差不多50%（不考虑分红再投资）①。这就是为什么“积极的”投资者应该仔细考虑密斯·范德罗（Mies van der Rohe，现代主义建筑设计的奠基人）对建筑领域发出的警告：“少即是多。”教训很明显：“当闪电来临时”，你必须等在那里。这就是我们为什么会说波段操作是“邪恶”的观念，永远不要去尝试。

提高投资回报率的第二种方法是依靠选股，专业投资者在这一方面投入了大量的技能、时间和精力，投资机构和证券经纪商研究部门的研究活动主要集中在股票评估上。

通过分析企业财务状况，实地研究竞争者及供应商，或进行管理评估，投资者试图在一种或一组证券的投资价值方面超越市场的共同看法。如果投资经理发现一种股票的市价和自己评估的价值差异相当大时，可以适时买进或卖出，为客户的投资组合赚取市价和真正投资价值之间的差价。

不幸的是，整体而言，证券分析似乎不是很有效，也不会有助于获利的活动。股票投资经理在经过基本面研究后卖掉的股票，以及他们没有买的股票，与他们买进的股票相比，表现通常

① 在华尔街，即将到来的夏天被“夏季上涨”（summer rally）的故事所充斥，秋季中的10月份被认为是股市中最糟糕的月份（根据统计，应该是9月），在一年的转折点，人们会庆贺“1月效应”，这一效应并非总会出现，但很少出现在11月。马克·吐温（Mark Twain）对股市的评论也许是最贴切的：“10月是最不适于进行股票投机的月份之一，其他的月份是7月、1月、9月、4月、11月、5月、3月、6月、12月、8月和2月。”（Puddin' head Wilson，1893.）

一样好（因为他们彼此之间互相买进和卖出，使得市场“有效率”）。

这里的问题也不是投资研究做得不好，而是太多人把研究做得实在太好了。大证券经纪商的研究分析师尤其如此，他们通过全球信息网络，几乎是即时地与采取迅速应对行动的千百位专业投资者共享相同的信息和评估。他们都预期别人会迅速行动，因此也常常会采取快速行动，以至于不可能有哪一群投资者能够始终胜过其他投资者，一再取得有价值的优势。然而，想击败市场，唯一的方法是击败构成整个市场的其他专家——特别是要战胜最活跃的 50 家机构。

在股票和债券投资组合中，战略决策中包含影响投资组合整体结构的重大承诺。做出这种决定，目的在于利用预测主要产业群以及经济和利率变化的能力，或利用对主要类型的股票如“潜力股”、基础工业类股价变动的先知先觉能力。这些判断都与所谓的市场细分风险有关。

例如在 20 世纪 90 年代，那些主要投资于网络技术的投资者都享受到了一次奇妙的股价急速上涨——直到 2000 年市场开始突然“调整”。“市场给我们的，最终还要收回！”20 世纪 80 年代，如果投资经理大量投资于石油和科技两类股票，会得到非常丰厚的回报，远胜过大量投资公用事业类股票和其他对利率敏感或消费产品类股票的投资者。同样重要的是，上述投资经理必须在 1981 年售出能源股，否则将不得不“全部吐回去”。

20 世纪 70 年代初期，著名的“两级”市场发展成形（注：成长股的市盈率远超过产业股，市场因而分成两个层级），投资经理大量投资于大型成长股，也就是投资“50 种飞跃成长股”（Nifty 50），获得了绝佳的成绩。到 20 世纪 70 年代后期，同样是投资于这些证券，结果却极差，因为原来预期的盈利未能实现，机构不再迷恋于概念，并大量抛售其持有的股票，这压低了市盈率，并迫使股价下跌。同样的涨跌情形已经重复了多次。在市场的顶峰，人们共同的看法往往都是“这次不同了”。

就像一句老话所说的：不是股票市场，而是大量的股票吸引投资经理对自己管理的投资组合中的类股做出重大战略决策。

适时地出现在适当的地方，这种投资方法充满令人着迷的潜力，对经理人形成挑战，要求经理人随着市场的变化发现新的（常常是不熟悉的）投资方法，在精通每一种新方法后再放弃它，改用另一种新方法。从理论上说，这种方式当然可以做到，但是，真的能做到吗？有哪些经理人做到了？持续的时间有多久？

第四种可能提高回报率的方法，是培养出意义深远的、正确的洞察能力，能够看出推动股市中的特定市场、一组特定的公司或产业发展的动力，再有系统地利用这种投资远见或观念。

利用一种持久的投资理念或哲学进行投资要涉及持久的投资承诺，即投资经理或投资管理机构能够熬过一次又一次的股市周期和商业周期。

例如，坚持投资于成长股的机构要注重对新技术的评估，要了解领导快速成长的组织需要哪些管理技能，并分析为了维持增长需要在新市场与新产品的开发上投入多少资金。这类投资公司应该从经验中——有时候是痛苦的经验——学到如何分辨可能会失败的假“成长股”和在长期中持续成功的真正的成长公司。

其他投资管理公司认为，在经常受商业周期影响的成熟产业中，总有一些大公司的投资价值远超过其他投资者所能了解的程度。如果进行认真研究，就可以找出这些有着巨大投资价值的公司，并以较低的价格买进这些公司的股票。这样就能够以相当低的风险，为客户创造优异的投资回报率。这种机构会开发出相当高的技术，去芜存菁，避免挑选价格本来就不该升高的低价股，并利用独到的见解找出其他投资者还没有发现的有价值的投资对象。

对一种投资理念或哲学的重要考验，是经理人出于正当的长期原因而坚持到底，即使短期成绩不令人满意也不动摇。坚持可以使经理人精通某种类型的投资，培养出独特的重要竞争力。

理念或哲学投资法的重大优势，是投资公司可以将自己组织起来，始终只从事自己独特的投资类型，避免在选择过程中可能遇到的干扰和混乱，吸引有兴趣和精通这种投资类型的分析师和经理人，并且通过持续的实践、自我批评和研究，进而掌握这种投资方法。这种方法的最大缺点是如果选定的投资方式过时，或与不断变化的市场脱节，这些内行的专业机构很可能看不到变革的需求，等到他们发现时，对自己和客户来说都已经太晚了。

谈到这些意义深远的投资观念，有一点很清楚，就是已经被人发现又能够延续很久的观念少之又少。最可能的原因也许是：自由资本市场的特点就是很少有机会发现独特的长期竞争优势，并能在长期中维持。

这四种积极投资的基本形式有一个共同的根本特性，就是都依靠别人的错误。积极投资者投资个股或类股唯一的获利机会，就是其他专业投资者的共识都错了。这种集体错误的确会出现，但是我们必须自问，这种错误出现的频率如何，投资经理有几次能够重犯同样的错误，我们是否拥有采取与共识相反的行动的智慧和勇气。

有如此多的竞争者在寻求过人的洞察能力，深入了解个股或类股的价值与价格的关系，而且在投资圈内，大量的信息快速传播，想在个股和类股中发现并利用别人由于错误和疏忽而留下的获利机会，绝对没有太多希望。

在终生的投资中提高成功几率的一种方法是减少和消除错误（请教一下高尔夫或网球选手）。这里有一个许多投资者都犯的错误：过于努力——试图从投资中或投资经理那里获得超出其能够带来的收益。过于努力——这会造成失望——常常会导致最终代价高昂，因为承担过多的风险是很危险的事①。

个人投资者常犯的另一个错误是不够努力——通常是对短期因素过于谨慎，而成功的投资需要长期思维和长期行为。过多的防御会导致成本过高。例如，在过去的20年中，在一个财产组合中适度地持有现金储备或集中投资于美国政府债券的成本都很高。

尽管有这么多可以胜过大盘的机会，但令投资者感到很困惑——也很难接受——的一个事实是：扣除风险后，在长期中投资经理要胜过大盘居然如此困难。但是即使是最高明的投资经理也会觉得奇怪，怎么可能希望勤奋而执著的对手会出现无能、错误或疏忽的问题，让自己经常找到具有足够吸引力的机会，能够以相当有利的条件大量买卖，击败对手，从而“胜过大盘”。

① 在一篇名为《为什么投资者的交易过于频繁》（*Why Do Investors Trade Too Much*）的文章中，加州大学戴维斯分校的金融学教授特伦斯·奥迪恩（Terrance Odean）研究了1987~1993年个人投资者在一家主要的折扣经纪企业中从事的将近10万次交易。他发现，平均来说，这些投资者购买的股票在下一年中的表现低于大盘2.7%，而他们卖出的股票在下一年中的表现高于大盘0.5%。同样，在布鲁金斯研究院（Brookings Institution）发表的一篇文章中，经济学家约瑟夫·拉科尼肖克（Josef Lakonishok）、安德雷·施雷弗（Andrei Shleifer）和罗伯特·威施尼（Robert Vishny）发现，由专业基金经理进行的股票交易获得的收益要在其始终持有投资组合所能获得的收益的基础上减去0.78%。最后，专门进行专业投资经理交易成本研究的咨询公司Plexus集团分析了19家投资公司进行的9万多次交易后发现，通常购买一只股票会在基金的短期收益上增加0.67%，但卖出时要减去1.08%。因此，已经有100多年历史的先锋基金（Pioneer Fund）的创始人菲利普·卡雷特（Philip Caret）说：“转变投资组合通常说明判断的错误。指出何时卖出是一件极端困难的事。”

在电影《全金属外壳》（*Full Metal Jacket*）中，两个士官教练看着他们教出来的连队，排成密集队形，一面小跑着跑进结业典礼会场，一面高呼："空降特战，奋勇争先！"一位班长对另一位班长说："伙计，你看着这些小伙子时，想到了什么？"另一位班长，先呸了一口，然后回答说："我想到什么？告诉你，大约1/10是确确实实的好战士！"他顿了一下又说："其他的全都是……枪靶子！"这只不过是战争电影的一个场景，但对你来说这却具有实际的意义。例如，作为投资者你做得有多好？让我们来看看事实的真相。

让我们假设你的技能非常高，信息非常完备，是10%最佳个人投资者中的一员。这太好了——但要小心。

为什么呢？即使你在投资者中出类拔萃，你必然也会进行一些低于平均水平的投资。大部分人都是如此。走进现实的第一步是要认识到关键不是你的投资技能和知识，而是每一次特定投资交易的技能和知识。第二步是认识并接受这样的现实：纽约股票交易所中有一半的交易是由50家最大、最活跃的机构投资者完成的。

要战胜50家最大的机构，这是一个多么艰巨的任务啊。以下是一些事实：排名在第50位的机构①每年要为华尔街提供的信息和见解支付5000万美元，并能够获得任何股票经纪公司的分析师随时提供的即时服务。它们还能每天获得来自华尔街不间断的、大量的信息。它们可以获得布隆伯格（Bloomberg）等顶尖信息公司提供的服务。它们的专家经常与公司管理层会面。它们拥有内部分析团队以及高级投资组合经理——50～100位拥有20年以上

① 最大的机构每年要向华尔街支付10亿美元，向它们的顶尖股票经纪商支付1亿美元，而其股票经纪商是通过提供尽可能优质的市场调研服务获得这笔费用。

投资经验的专家——他们保持着密切的联系，以随时获得最佳信息。你现在知道了吧，排名在第50的机构拥有了所有的优势。

我们中的任何人在正常情况下都不可能击败50家最大的机构——即使是再靠后的50家我们也不可能战胜。这最大的100家机构投资者每天的交易占纽约证券交易所交易量的75%。在这个前提下，最好的个人投资者实际上是被限制在第四个四分位数中进行投资交易。这就是为什么就算你是最优秀的投资者，你也只能进行不太满意的投资交易。

听起来很刺耳吧，也许是。但是，如果个人投资者试图去完成与100家最大、最活跃的机构竞争这一“不可能完成的任务”，那么他们受到的伤害岂不是更深——也更严重？这就不可避免地引出了关键问题——如果我们不能战胜它们，为什么不加入它们呢？

拉斯维加斯每天都很忙，从这一点来看，我们就知道不是每一个人都有理性。如果你像喜欢做白日梦的人一样，仍然幻想自己可以击败专家，而且一定会击败专家，那么你不只需要运气，还需要祷告。

CHAPTER 3

第3章 市场先生和价值先生

在短期中，股票市场既迷人又非常具有欺骗性。在非常长的长期中，市场几乎总是可靠且可预测的，非常无聊。

为了真正理解股票市场和作为投资者的你自己，就必须深入了解两个截然不同的人的个性。这两个差别巨大的人物就是市场先生（Mr. Market）和价值先生（Mr. Value）。

市场先生吸引了所有的注意力，因为他很有意思，而可怜的价值老先生做了所有的重要工作，但几乎被投资者忽视了。这很不公平，因为价值先生完成了所有的工作，而市场先生享受了所有的乐趣，并惹来了所有的麻烦。

这两个人物是本杰明·格雷厄姆（Benjamin Graham）创造的，他还提出了投资中的专业主义（professionalism）。市场先生常常带来狂热或恐慌。由于在情绪上很不稳定，有时候市场先生感到极其满意，只看到对商业有利的一面，而有时候又极度沮丧，除了前面的困难外什么也看不见。市场先生完全不可靠且难以预测，他一次次地试图让我们做些事情——做什么都行，但至少要做些事，越活跃越好。为了煽动我们采取行动，他不断改变自己的价格——有时候变化很快。这个最乐于助人的家伙日复一日地等在那里，如果我们打算卖出，他就会买进，如果我们要买进，他就会卖出。

市场先生是一个淘气但又很迷人的家伙，他总是要一些花招和诡计如意外收益、令人吃惊的红利公告、可怕的商品价格报告、迷人的新技术公告、令人不快的破产甚至是战争的威胁来戏弄投资者。这些事件都来自他的诡计袋中，在最出人意料的时候散布出来。就像魔术师利用一些精巧的骗局转移我们的注意力一样，市场先生在极短期中的疯狂能够欺骗我们，打乱我们的投资思路。

市场先生漫不经心地在我们面前跳着舞。为什么不呢？他根本不用承担任何责任。作为一个“经济舞男”（economic gigolo），他唯一的目的就是变得“有吸引力”。同时，相当迟钝且稳定的家伙价值先生从不显示出任何情绪，也很少兴奋。他生活在冷酷、真实的世界中，那里根本就没有感觉或情绪的概念。他夜以继日地发明、生产和分销产品与服务。他的工作就是在车间里、仓库里、商店里努力工作，日复一日地做着真正的经济工作。他的角色也许不令人兴奋，但确实是非常重要的。

价值先生总是在长期中占上风。最终，市场先生的荒诞行为会像在海滩上用沙子筑起的城堡一样变得毫无价值。无论市场先生高兴与否，在真实的商业世界中，商品和服务几乎是用同样的方式和几乎同样的数量进行生产和分销①。长期投资者希望避免被市场先生动摇或迷惑，偏离其合理的长期策略而无法实现满意的长期结果（与之相似，聪明的父母也不愿过多听到——更糟糕的是记住——其十几岁的孩子说了些什么）。

① 除非股价非常高或非常低，这时的股票价格与接管或公开募股有关。

每天的天气与气候是不同的。天气是短期概念，而气候则是长期概念——这使得一切都不同了。选择在某种气候条件下建一座房子时，我们不会因为上一周的天气受到影响。同样，在选择长期投资规划时，我们也不希望受临时性的市场条件的影响而改变方向。

> 如果你像喜欢做白日梦的人一样，
> 还在幻想自己能够击败专家，
> 那么你不只需要运气，还需要祷告。

投资者应该不去理睬市场先生这个淘气鬼以及他在你周围不断跳来跳去。对于长期投资者来说，每天的市场平均报价不再重要，就像每天的天气对气象学家以及希望修建一座永久性住房的家庭一样不重要。不去理睬市场先生骗人花招的明智投资者以及不太关注或根本就不关注当前价格变化的投资者将会把他们的资金投入现实的公司中——他们的收益和红利会不断增长——并集中关注长期的真实结果。

由于市场先生总是利用一些令人吃惊的短期事件来吸引我们的注意力、影响我们的情绪、戏弄我们，因此经验丰富的投资者会研究股市历史中的细节①。对历史的研究越多越好，因为你对证券市场过去的行为了解得越多，你就会更加深刻地理解它们真正的本质，以及它们以后的行为是什么样的。这种理解能够使我

① 飞机驾驶员在飞行模拟器上花费了大量的时间，“飞过”模拟的风暴和其他一些反常的灾难，以便能够熟悉各种会给他造成压力的环境，使他在真正面对这些情况时保持冷静和理智。

们理性地适应市场，否则我们就会显得非常不理性，至少我们不会由于市场先生的短期花招和诡计而偏离我们的长期战略。只有了解了历史并接受了其教训，我们才不会因某些事情而感到惊讶。就像十几岁的司机对意料之中的事故感到惊讶一样——“爸爸，我真不知道那家伙是从哪里冒出来的”——投资经理们也会对由“反常”和“六西格玛事件”导致的绩效逆转感到吃惊。实际上，这些惊奇都包括在正态分布的钟形曲线之中。它们并不是真正“令人吃惊的事”，而只不过是精算师的期望值。

当然，如果能够排除少量“令人失望的”投资或者一些“困难的”市场时期，大多数专业投资经理都会有很好的表现——超过市场平均表现（如果能够去除一些“意外”，十几岁的司机也会有不错的驾驶记录）。然而，生活中严酷的现实是，大部分投资经理（以及大部分十几岁的司机）几乎必然要经历一些“反常”的事件。在投资中，这些反常事件会在一个不同寻常（或未预期到）的事件或情况中发生——完全没有预期到，而且几乎可以确定这一事件不可能以同样的方式再次发生，这一事件发生得非常突然，如果不发生，那么投资表现将非常好①。

长期是不可避免的。一切都会回归到平均水平。这就是为什么“非常有利”或高企的股价对你来说并不好的原因。最终，你不得不放弃高于长期核心趋势水平的收益的每一点增长。

投资不是娱乐，而是责任，而且投资也不应该被当成是“有意思的事”。它是一个连续的过程，就像精炼石油以及生产点心、化学品或集成电路一样。如果在这一过程中的任何一种东西是有

① 引自 The Right Stuff，汤姆·沃尔夫（Tom Wolfe）讲述了在试飞过程中“独特的事件”如何不断造成严重的、“难以解释的”事件。年轻的飞行员从来就没有意识到，这些反常事件是在他们努力提高飞行技术的过程中必须面对的风险的一部分。

意思的，那是不对的。对于大多数投资者来说，善意的忽略（benign neglect）是长期成功的秘密，原因就在于此。

投资中最困难的不是智力，而是情绪。在情绪化的环境中保持理智是不容易的。最困难的事情不是推断出最优投资策略，而是维持对市场变化的长期关注，并坚持合理的投资策略。在牛市和熊市中坚持合理的策略非常困难，也十分重要，尤其是在市场先生不断诱骗你进行改变的情况下。

在任何情况下，情绪和当前的市场行为都会要求我们做出改变，因为不管是在牛市中还是在熊市中，明显的“事实”最具有说服力。

CHAPTER 4

第4章 投资者的梦之队

如果你能够让任何一位伟大的投资者作为你的同事终日为你工作，你会在你的投资者梦之队里选谁?

沃伦·巴菲特（Warren Buffett)? 没问题。他和查理·芒格(Charlie Munger）都加入你的团队。彼得·林奇（Peter Lynch)? 他是你的了，而且Fidelity公司所有的分析师和基金经理也都加入你的团队。约翰·耐夫（John Neff)? 归你了——还有Vanguard公司和Wellington公司的所有专家们。乔治·索罗斯（George Soros)? 他也站在你这边——全国最优秀的基金经理都站在你这边。事实上，你可以让全国所有最优秀的资产管理组合经理以及所有的分析师为你工作。

别停在那里。你还可以拥有华尔街最棒的分析师——美林公司（Merrill Lynch）的300名分析师、高盛公司（Goldman Sachs）公司的300名分析师、摩根士丹利公司（Morgan Stanley）的300名分析师——再加上瑞士信贷第一波士顿公司（Credit Suisse First Boston)、雷曼兄弟公司（Lehman Brothers)、贝尔斯登公司

(Bear Stearns) 也各有 300 人，以及所有专门分析技术或新兴市场的分析师。

实际上，你可以让所有最优秀的专家始终为你工作。你要做的就是接受他们所有的最优秀的思想而不要提任何问题①。为了获取所有这些顶级专家的组合意见，你要做的就是投资指数基金 (index) ——因为指数基金复制了市场，而当今专家主导的股票市场反映了所有努力制定最佳当前决策的专家们的集体见解。随着他们的知识越来越丰富，他们可以随时自由地改变自己的判断，这样你就会永远拥有最新的认识。

你不仅获得了投资者梦之队为你工作的好处，而且还自动得到了其他重要的好处。内心的宁静就是其中之一。大多数个人投资者都要忍受遗憾的煎熬，或者担心可能会有令人遗憾的事情发生。没有必要担心这两个问题。跟着投资者梦之队和指数走的人还具有几个更加强大的竞争优势：更低的费率、税收以及“操作”成本。这些持续的成本无情地累积起来，对投资组合造成极大伤害，就像白蚁对房屋的危害一样。

对于所有投资组合的长期回报来说，其最大的一部分来自能够做出的最简单的投资决策，这也是到目前为止最容易执行的决策：购买市场 (buying the market)。

令人极度失望的是，这种方法并不受投资经理和大多数客户的欢迎。“市场投资组合” (market portfolio) 或指数基金实际上就是投资者梦之队每日辛勤工作的结果。具有讽刺意味的是，人们并不愿意接受专家们的一致见解。对这些见解的贬损包括“这

① 乘坐飞机时，我们中的大多数人在做同样的事：假设飞行员受到了良好的训练，并能确保安全。尽管很无聊，但我们还是放松地坐在座椅中，把飞行的任务交给专家去完成。

是针对一般人的”等。被动式投资（passive investing）从来没有得到其应得的尊重，但在长期中，它会比大多数专业投资经理的表现更好。

积极的投资经理——特别是那些有良好记录的——会接受市场投资组合能够获得很好的长期回报这一观点，但他们看到了自己能够做得更好的机会和挑战。“1亿美元或5亿美元投资组合的1%也不是个小数目——特别是按复利1%逐年计算的情况下——这值得去追逐。”

他们也许是正确的。一些人是对的。但客户们应该知道，并不是所有的人都是正确的。事实上，到目前为止的证据显示，绝大多数经理都是不正确的。他们的客户在市场上或在指数基金中能够比他们做得更好。

考虑到时间、成本以及为超越市场而付出的努力，指数基金当然是投入少、产出多。这一“笨马”（dull workhorse）投资组合也许看起来像是盲目的，但实际上它是基于广泛的市场及投资研究，这非常值得我们考察并简要总结一下。

简而言之，证券市场是一个开放、自由、充满竞争的市场，大量信息完备、对价格敏感的投资者和专业投资经理作为买卖双方进行着持续、激烈的竞争。非专业投资者能够轻易地利用专家的服务。我们可以得到广泛而迅捷的价格信息，禁止市场操纵行为的法规也已经建立。套利者、交易者、对冲基金、市场技术分析师、长期的“基础”投资者都试图从市场的任何不完美之中抓住获得利润的机会。这样的市场只能被称为“有效的”（efficient）市场，而不是完美的（perfect）市场，甚至不能被称为完全有效的（perfectly efficient）市场。在完全有效的市场中，聪明的投资者会认识到，他们不可能期望有规律地利用其无效性。在有效的市场中，价格是按“随机漫步”（random walk）的方式变化。也就是说，即使是那些离市场最近的人如“价格分析者”（tape reader）也无法找出能使他预测未来价格变化并从中获利的证券价格变化模式。

另外，由于其他竞争性投资者是一些信息很完备的买家和卖家，特别是把他们作为一个整体考虑时，任何一位投资经理都不大可能利用基本面分析在大型投资组合中有规律地获得利益增加，因为其他那些同样优秀的专家们也会利用最好的研究方法对是否以及何时进行买卖做出自己的决定。你越认为市场有效，你对下列法则就越认可：技能高超的竞争者越多，任何人持续获得骄人成绩的可能性就越小。

在完全有效的市场中，价格不仅反映出可以从历史价格序列中推导出的任何信息，还可以合并吸收那些股票正在被交易的公司的所有信息①。一个有效的市场并不是意味着所有的股票总是在“恰当的”价格上卖出。投资者在其集体判断中可能犯严重的错误——他们可能过于乐观或过于悲观——这会在未来的价格变化中反映出来。市场在价值评估方面可能会非常笨拙，但它可能在将市场价格与公司任何能够获得的市场信息以及基本面信息综合在一起方面仍然非常有效率（这就是为什么试图增加价值的积极的投资经理的最佳机会来自比其他人更聪明、受大众心理影响程度更低）。

① 一些证据表明，季度报告和“内部人交易”信息不会立即、完全地反映在证券价格上，明显可利用的机会非常少，以至于大型投资组合的经理不可能有效地利用这类信息。

> 美国最成功的投资者沃伦·巴菲特
> 向个人投资者推荐指数基金。

指数基金为投资经理及其客户提供了一个更加简单的选择。他们不必再玩复杂的价值投资游戏，除非他们想玩。

这是一个最佳的自由选择。使用指数基金的选择权使得任何投资经理总是能够毫不费力地跟上市场的步伐。它使你能够选择进入市场的时机，在众多投资工具中轻松进行挑选，并可以任意选择期间的长短。

对于投资者来说，叫“暂停”的能力以及随时投资于指数基金的能力是一个重要的优势，因为并不是所有的投资经理都有过人的学识和技能。过人的学识是可以获得的。这种“停止比赛”的自由意味着只有当符合双方利益以及递增的收益完全超过递增的风险时才会“继续比赛”。

即使是美国最成功的投资者沃伦·巴菲特也向个人投资者推荐指数基金。“让我为你自己的投资增加一些想法。大多数投资者，不论是机构投资者还是个人投资者，拥有普通股的最佳方式就是投资于收取费用最少的指数基金。遵循这一方法的人的净收益（扣除费用和支出后）必定高于绝大多数投资专家能够提供的收益。”

指数基金为我们提供了一个很好的选择。它们可以为我们提供：

- 更高的收益。
- 更低的费用。
- 更低的操作成本。
- 更低的税费。
- 更低的犯错误的风险。
- 不必过于担心犯较大的错误。

积极的投资经理可以做得更好，有些经理可以在某一段时间内做得更好。但如果某些积极的投资经理一直做得极好——特别是在扣除税收、费用、支出以及错误后——这可能吗？

投资者应该明智地投入更多的精力去理解市场基金带来的真正优势——这是投资者梦之队的产物。

CHAPTER 5

第5章 波哥的哀伤

波哥[①]这位最受人欢迎的大众哲学家敏锐地发现了一个对投资者特别有意义的基本真理："我们遇到敌人了，而敌人就是我们自己。"的确如此。

正如乔治·古德曼（George G. W. Goodman）所说："如果你不知道自己到底是谁，那么想在股票市场上找到答案，其代价会很高。"我们很情绪化，因为我们是人。我们相信，如果努力，我们就会做得更好。我们发现自己很难接受这样的建议："如果没有坏，就不要修它。"我们不是完全理性的，甚至离部分理性还差很远。

传统上，经济学家们会假设人们知道他们要达到什么目的，知道如何达到，并且始终努力制定理性的、不受情绪影响的自利决策以便实现他们的目标。行为经济学家[②]的研究表明，这并不

---

① 由沃尔特·凯利（Walt Kelly）创造的一个动画人物。

② 20世纪60年代末，耶路撒冷希伯来大学的阿莫斯·特沃斯基（Amos Tversky）和大卫·卡恩曼（David Kahnman）在人们关系到自己的经济利益时如何制定"非理性"决策的研究方面获得了重大发现。加里·贝尔斯基（Gary Belsky）和托马斯·吉洛维奇（Thomas Gilovich）在其作品中总结了行为经济学的发现，参见 *Why Smart People Make Big Mistakes*（New York：Simon and Schuster，1999）。

是人们通常的行为模式。作为人，我们不总是理性的，而且我们也不总是按对我们最有利的方式行事。下面是我们的一些实际行为方式：

- 我们不理会“基本的比率”（base rate）或经验的正常模式（normal pattern）（尽管我们知道几率对我们不利，我们还会到赌场去赌博）。
- 我们相信手气好就能连胜，而且相信当前的事件会产生影响，甚至是在投掷硬币时。
- 我们由于短期的成功而兴奋，如共同基金的表现。
- 我们都具有“证实偏见”（confirmation bias，倾向于寻找证实的证据，而抛弃或者忽略了证明主张不成立的证据——译注），喜欢搜寻并过分重视支持最初印象的数据。
- 我们允许自己使用一个最初的想法中的事实作为未来决策的参考点，即使我们知道它不过是“一个数字”。
- 我们几乎总是以对自己有益的方式扭曲自己对决策的感觉，以至于我们真的认为自己的决策能力高人一筹。我们不再学习，过于自负。
- 我们把熟悉与知识和理解搞混了。
- 作为投资者，我们对好消息做出过度反应——对坏消息也是如此。
- 我们以为，相对来说，我们知道的东西比别人多，而事实并非如此（我们还以为，作为汽车司机、父母、投资者，我们比“一般人的水平要高”。一般来说，我们还认为我们的孩子也是出类拔萃的）。

现在我们已经知道，作为人，我们被赋予了某些挥之不去的思想和行为特征；作为投资者，这会迫使我们作出不完美的决策——甚至是错误十分严重的决策。例如：

- 缺乏耐心。如果你的投资每年增加10%，每个月的增长还不到1%。如果按日计算，那么变化率就可以忽略不计（测试一下你自己：你查看你的股票价格的频率是多少？如果你每个季度查看一次以上，那么你就是在满足你的好奇心，而不是真正需要了解价格信息）。
- 乐观。保持希望总是有益的，但在投资中，客观、现实一点更好。
- 骄傲。一次次研究显示，我们实际上高估了我们的投资相对于市场的表现。我们甚至不愿意向自己承认我们的错误。
- 情绪化。当我们的股价升高时，我们会面露笑容；而当股价下跌时，我们会皱起眉头，或者乱发脾气。股价的起伏越大，速度越快，我们的感觉就越强烈。

我们内心的魔鬼和敌人是骄傲、恐惧、贪婪、躁动、焦虑。总有一些市场先生想要按下去的按钮。如果你拥有这些按钮，那个淘气鬼就会找到它们。因此，我们那么容易受到市场先生那些小把戏的吸引也就不足为奇了。

因此，开始学习成为一名成功的投资者的最佳途径是：了解你自己。作为一名投资者，你在两个领域中的技能将在很大程度上决定你的成功：心智技能（intellectual capability）和情绪技能

(emotional capability)。

你的心智技能包括你分析财务报表（资产负债表、资金流量表、利润表）的技能、你存储并回忆信息的能力（包括广度和精确度）、你能在多大程度上将零散的数据与信息联系并整合起来形成你自己的见解、你能掌握和利用的知识有多少，等等。

你的情绪技能包括当面对由市场先生引起的、对你和你的决策造成意外影响的混乱时，能够保持镇静和理性的能力。

每一位投资者都有一个胜任区（zone of competence，即真正具有技能的投资类型）和一自信区（zone of confidence，即他感到放松和平静的投资领域）。在维恩图（Venn Diagram）中重叠的地方（如图 5.1 所示），就是你应该占据一席之地的领域（在对投资者“吃得好”和“睡得好”这两个相互冲突的目标进行权衡时，哲人给我们的建议是“卖出，直到我们能睡着的那一点”）。不要跨越你的自信区，因为在这个区域之外，你会感情用事，而这永远不会有利于投资。

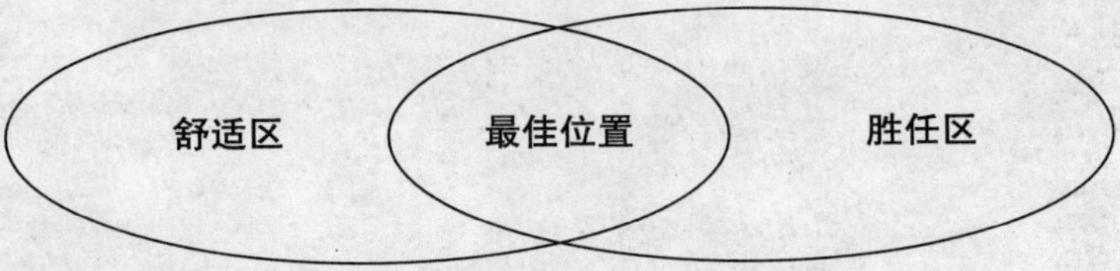

图 5.1　维恩图

如果你了解了自己的优势和弱势，你就会知道在各个领域中你需要学会哪些知识：你的舒适区和你的胜任区。在维恩图中这些区域的重叠处，就是你作为投资者的最佳位置。那就是你需要全神贯注的地方：在那里，你拥有适当的技能和情绪进行最佳投资。

了解你的优势和局限，因为稳固防守是强大进攻的最佳基础。不要超越你的舒适区和胜任区。毕竟那是你的钱，得来不易，只有在你根据自己的经验判断自己拥有必要的能力并能持续保持理智时再投资。

CHAPTER 6

第6章 你不公平的竞争优势

所有的战略家都在寻求建立一种针对其竞争者的持久优势：

- 这就是为什么军队的将军们希望“占领制高点”并喜欢“出其不意”的原因。
- 这就是为什么教练员希望拥有更强壮、更高大、速度更快的选手，努力争取更好的训练条件，并非常关注团队精神与激励的原因。
- 这就是为什么公司战略家们试图为其产品和服务建立“品牌化”特许权，并试图在每个顾客群中建立忠诚度的原因。
- 这就是为什么公司努力沿“经验曲线”前进以便使其单位生产成本低于所有竞争对手的原因。专利保护、食品药品管理局的认可、低成本的运输、技术领导者、消费者的偏爱以及商标都有一个相同的目的：竞争优势。

在每种情况下，战略家们都试图找到并保持一种显著的、可持续性的战略优势——竞争对手最终会抱怨“不公平”的竞争优势。在投资中，有四种能够获得“不公平”竞争优势并战胜市场的方法。

靠体力（physically）去“战胜市场”是最常见的，至少是使用最广泛的方法。相信这种方法的人早晨很早就起床，晚上很晚才睡，在周末还要加班加点。他们随身携带沉重的公文包，阅读更多的报告，接打更多的电话，参加更多的会议。他们努力靠体力去做更多的事情，并加快工作速度，以便能够走在市场的前面。

靠智慧（intellectually）战胜市场的方法只被少数投资者使用。他们努力进行深层次的思考，考虑长远的未来，以便能够真正领悟和理解独特的投资机会。

靠情绪（emotionally）获得较好的投资结果就是要保持冷静的理性，永远不要被利好的市场事件冲昏头脑，也永远不要被利空的市场事件打乱自己的思路。

第四种获得较好结果的方法是最容易的方法，但是，在我们当中有谁真正发现了“善意的忽略”这种最有益的态度是容易做到的呢？那正是个人谦逊发挥作用的地方。如果你能考察一下事实并接受你自己的努力无法改善被动接受现实这一结论，你就会很适应这种“容易”的方法，就像我们不得不接受天气状况以及在长途飞行中不得不作为乘客一样——在当今高度专业化的市场中进行投资时，越来越多的投资者不断学习，这实在是明智之举。作为投资者，获得并维持“不公平”竞争优势的简单方式就是通过指数基金进行投资。

下面是在当今市场环境下指数投资具有的“不公平”优势：

- 更高的收益率：因为在长期中，85%活跃的投资经理将达不到市场的水平。
- 更低的管理费：15～20个基点与50～60个基点。
- 更低的操作支出：5个基点与50～75个基点。
- 更低的佣金，因为投资组合变化率很低：不到10%。
- 更低的市场影响，因为投资组合变化率很低：不到10%。
- 更低的税费：由于变化率更低，所以每年“确认”的利润更少——特别是短期利润。
- 因为不需要进行波段操作或投资组合战略决策，并且因为在投资组合中没有一只股票占主导地位，因此不会犯重大错误。
- 由于你永远不用担心可能会犯一些导致损失或失去机会的错误，所以你的担忧会降低。

沃伦·巴菲特估计，当前（1999年）活跃的投资每年“可怕的成本”如下：

- 仅仅在《财富》500强公司的股票上就超过400亿美元——每股进行交易的成本为6美分。
- 管理费用、支出、申购费用、综合服务费等达到350亿美元。
- 分摊在各种期货和期权、可变年金等上面的费用为250亿美元。

请注意，这只不过是《财富》500强企业总市值的1%，巴菲特提醒我们，这1000亿美元占1998年《财富》500强企业总收入3340亿美元的很大一部分，因此投资者的10万亿美元投资只能获得不到2500亿美元的收益，收益率只不过是2.5%。按巴菲特的说法，2.5%的投资回报是“微不足道”的战利品。

投资者回报的另一个“泄漏”来自投资组合变动而产生的税收。变动越大，税收就越高，累积的收益就越少［对于短期收益来说（共同基金常常取得短期收益），税收的负面影响更大］。投资组合变动的影响以及由此产生的税收见表6.1。

表6.1　初始投资1000000美元，税前年收益率为15%，按复利计算，20年期，假设所有已实现收益的税率为27%

税前收益率（%）	年变化率（%）	初始投资1000000美元在第20年末的价值	税后收益率（%）
15	0	16366500	15.5
15	3	14780800	14.4
15	10	12386300	13.4
15	30	9694000	12.0
15	85	8136600	11.1
15	100	7990800	10.95

每一个指数基金都复制一种特定的股票市场指数。然而，尽管各个指数都是为了公正、准确地反映市场或市场的某一部分，但它们总不是完全一样的。通常这种差别不大且无关紧要，但在某些市场中，指数间的差别——以及跟随它们的那些指数基金之间的差别——却是显著的。例如，2000年标准普尔500指数赋予了几个股价很高但不很稳定的超级大盘股很大的权重，在互联网狂热中，它们的市盈率成倍增加。不出所料，这些高价位股票的价格迅速下滑，带动标准普尔500指数下跌——同样也使得准确匹配这一指数的指数基金下跌。

投资者有三个明智的选择。第一种选择是忍耐，采取“这一切都会过去”的态度。第二种选择是投资于一种更广泛的“全市场”指数基金。第三种选择是尝试某种“反向操作”（contrarian），并投资于一些匹配股市某一主要领域但当前还不太流行的指数基金，如跟踪低市盈率股票的指数基金。对于大多数投资者来说，走中间路线——选择一个“全市场”指数基金——是最明智的。

CHAPTER 7

第7章 悖论

有一种悖论让投资经理备受困扰。

这个悖论是：具有极长期目标的基金却要追求既不可行又不重要的短期目标，而不追求可行又值得的长期目标。

大多数投资经理把大部分时间用在设法“击败市场”这个既不重要又困难的工作上，却少有成就，甚至毫无成就可言。实际上，如果不承受高于正常水准的市场风险，能够持续达到高出股票市场的绩效，即使是超过半个百分点，也是重大成就，然而没有多少投资经理能够在长期中达到这一目标。

真正重要却不很困难的工作，才是投资经理和客户可以投入精力，也应该投入精力的地方。这项工作包含下述四个步骤：（1）了解客户的真正需要；（2）确定真正符合客户需要的务实的投资目标；（3）为每一个特别的投资组合建立正确的资产配置；（4）制定经深思熟虑的合理投资策略，以便实现客户特定的、实际的长期投资目标。这样做很容易成功。

例如，倘若债券的长期平均投资回报率是6%，投资普通股的回报率是10%（股票的长期投资回报率必须比较高，才能说服投资者接受股票投资的风险)，那么只要把投资组合中10%的资产从债券移到股票，并且维持不动，长期之后，投资组合的年度投资回报率将增加0.4个百分点（股票投资回报率高4%×10%的资产=0.4%）。

把股票投资组合的资产配置从60%的股票、40%的固定收益证券改成70:30，可能不是重大问题，但是，就像前一章所说的一样，通过选股，持续以高出市场0.4个百分点（40个基点）的投资回报率击败市场，一定是重大成就。

问题不在于市场，而在于我们自己。

很少有专业投资者能够维持如此优异的成果。具有讽刺意味的是，在基本资产配置决策上，即使进行这么小幅度的改变，与“击败市场症候群”追求的那种飘忽不定的增加幅度相比，在总收益的提高方面也会产生很大差别。

显然，如果资产配置能够真正适合客户的目标，那就需要更加强调股票投资——改成80:20、90:10，甚至100:0。与60:40的投资组合比率相比，投资回报率还会提高更多：如果是80:20，每年增加的投资回报率为0.8%，如果百分之百投资在股票上，增加的投资回报率会达到1.6%。事实上，没有一位大型机构的投资经理人能够期望以如此大的差距击败市场。

这当然是机械式的计算，得到的数字是平均值，没有考虑到在实际上个别年度的投资回报率会以这些平均值为中心，呈现差别巨大的甚至是令人恐慌的分布。

如果投资者坚持到底，熬过市场许多令人震惊的波动，普通股的长期投资回报率是否高于债券或国库券，不见得是重要问题。事实上，重要的问题是投资者能否长期坚持，以便达到他们预期的投资回报率。问题不在于市场，而在于我们自己、我们的认知，以及我们对这些认知的反应。

从1982年到1997年的15年里，共同基金的年平均回报率大约是15%，然而，共同基金投资者平均只得到10%的回报率，为什么？因为投资者没有制定一个精明的长期投资计划，并且坚持到底，而是在不同的基金之间跳来跳去。结果是总收入的整整1/3没有被投资者赚到，而是被他们的基金赚走了。这就是为什么你要对投资、资本市场有一个现实的理解，还要对自己对市场波动的忍耐程度以及长期投资目标有一个现实的理解，或者如果你为公司的退休基金或大学的捐赠基金服务，你要知道这些组织对市场波动的忍受程度。你对作为投资者的自己了解得越清楚，对证券市场的了解越深入，你就越明确哪种资产配置真正符合你的投资组合，就越能够长期坚持自己的承诺。

对投资者而言，要取得优异的成果，真正的机会不在于努力超越大盘，而在于建立并遵守适当的长期投资策略，使投资组合能够跟随市场主要的长期趋势而受益。具有长远眼光、明确目标的客户制定的现实、明智的投资策略，是建立投资组合应该依据的基础，也是经历各种市场周期以及进行长期管理的基础。

实际上，很少有投资者能够制定出这种投资策略，因此，大部分投资经理不知道客户的真正目标，彼此间没有明确的协议来规范投资经理管理客户投资组合的任务。这是客户的错误。

投资策略是建立和管理投资组合的基础。

投资经理对于不同客户的情况和价值观了解得不够清楚，因此管理所有的基金时都是采用几种几乎相同的方法，采用十分近似的资产配置方式，甚至在管理极为不同的基金时也是如此。

如果客户是个人，这种强加于他们的“以不变应万变”的资产配置方法更令人担心。从理论上说，大部分投资经理管理客户的投资组合时都愿意满足每位客户的特殊需要和目标，但实际上他们都是根据少数标准的资产配置方式进行运作，并将他的客户分配到这些方式之中。投资咨询的专业水平比管理投资组合的专业水平更加重要——在长期中，两者对收益的影响差别很大——但是，大部分客户既不为自己制定健全的长期投资策略，也不支付足够的费用以便投资经理提供这种很必要的服务。

从经验中获得的令人清醒的结论是，尽管按照满足客户特定投资目标的投资策略去操作在理论上得到了认可，但在实际中却鲜有执行。制定正确的投资策略是投资者的事，因为那毕竟是你的钱。

职工福利计划之间的差别可能很大，但是，只有在制定或讨论基本投资策略时确定公司或机构的投资目标的特点，这些差别才会起作用。

你很难想象高级管理层只提出泛泛的方针或指示，例如“设法胜过大盘”，或“你是专家，看看你为我们做些什么”，然后就把运作千百万美元的责任交给常规经营部门的管理者，更不要说是高级管理层无法直接监控的人。

学校的托管人知道捐赠基金和年度预算或募集基金之间的关系。企业管理者想要知道下列事项：其退休金计划准确的估计值，以及这些估计值与实际的差距有多大；由于市场的突然下降而导致的为退休基金融资的需求对每季度和每年报告收益的影响；企业对员工福利不断变化的观点，以及员工福利计划会如何改变；企业为退休计划参与者增加福利以保证其购买力不受通货膨胀影响的可能性；员工、高层管理者以及董事会对临时市场波动的忍受程度；每个企业对员工的正式和非正式的责任；企业的资本结构；等等。企业退休金计划主办者的“风险容忍度”不只是退休金计划参与者或高级财务经理的风险容忍问题，而是在最严重的市场灾难发生时大多数董事对风险的容忍问题。对于捐赠基金，则是大学董事会的风险容忍问题。在任何情况下，在正常市场中，这都不是期望的理性行为，而是在市场走向极端时产生的行为。

对于个人投资者来说，这是正确的，而且永远是正确的。要知道你真的希望得到什么，然后去实现它。只有你才能对关于数量、时机、资金流出基金的确定性等问题发表中肯、可信的意见，只有客户知道自己（或其组织）对市场价格（尤其是在市场走向极端时）的容忍程度，因为这段时期的压力巨大，投资策略最不确定，进行改变的压力很强大。

你最了解自己的财务及投资状况——赚钱能力、存钱能力、子女教育支出的负担、使用可支配资金的时间与数额、对投资的感觉等。

真正的问题不在于投资经理建立投资组合时是否满足每位客户的目标（事实上，他们没有做到这一点）。相关的问题是：谁负责主导必要的改变？务实的答案是：这种责任不能由投资经理承担，必须由客户负责，身为客户的你可以承担这种责任，也应该承担。

要是你制定和维持明智的长期投资策略，坚持适当的投资结构，那么你对自己的投资组合的长期回报率会有更大的贡献，而且贡献大于高明地调整投资组合中的个别持股。

简单地说，你应该认识到，投资组合的操作从属于投资策略，你也应该负起责任，主导投资策略的制定。这不是应该交给投资经理的投资问题，不管他们的技巧多么高超、人多么尽责，都不该如此。就像法国政治家克列孟梭（Clemenceau）所说：战争不应该留给将军们决定。这是你的问题，这是一种可以放弃却无法授权的责任。

每一位客户都应该彻底考虑以下六个重要问题，然后把自己的答案详细向投资经理解释清楚（投资经理也应该敦促客户做这种“家庭作业”）。

第一，成效不佳的真正风险尤其是短期风险是什么？永远不应该冒不能承受的风险。例如，将为高三学生储蓄的全部大学学费都投资于股市中是不可行的，因为如果市场走低，这位学生可能无法支付学费。在预定买房日期前两三年，把为买房而存下的钱投入股市也没有道理。

第二，客户对不利经验可能会有什么样的情绪反应？有人重视吃得好，有人重视睡得好。你应该使你的投资组合价值在暂时的波动中保持在可承受的范围内。规避市场风险的确有“机会成本”，投资经理应该向客户充分说明要承担的各种递增的风险，以及规避这些市场风险要承担的机会成本。

第三，你对投资和变幻莫测的金融市场的了解有多少？对不是专家的人而言，投资并非总是有“道理”的，有时候，投资显得几乎是反直觉的。缺乏相关知识通常会让投资者在空头市场时太谨慎，在多头市场时太有信心，有时候因此付出相当高的代价。

投资经理应该注意，不要假设客户比实际上精明。投资经理可以向其客户解释资本市场合理的和不合理的行为方式，客户也可以自己去了解短期经验和长期经验的差别。

如果客户十分清楚投资环境，就会知道该期望什么，这种客户能够冷静应对令人不安的体验，其他投资者因为缺乏相应的知识，对于少见的有利或不利的市场体验，可能反应过度。

第四，客户有什么其他的资金或所得来源，这个投资组合对客户的整体财务状况有多重要？例如，和大学捐赠基金相比，成功的大企业支持的退休基金，可以合理地接受比较大的市场风险，而捐赠基金可能难以筹集资金来弥补亏损。拥有丰厚退休基金的年轻的企业管理者可以承受较大的短期市场风险，退休的寡妇能够接受的风险通常较低。

第五，对投资策略有没有法律上的限制？许多个人的信托基金相当特别，很多捐赠基金有着重要的限制，特别是在规定所得如何定义或使用方面有着相当大的限制①。

第六，投资组合价值的暂时波动是否会产生意外的结果以至于影响投资策略？人们常举的例子是，如果一个退休基金投资组织的市值下降到低于根据目前毛利率精算而确定的“临界”水平时，退休基金将被迫增加毛利率。大学将被迫取消一些教员提交

---

① 威廉·凯利（William Carey）和柯瑞·布莱特（Craig Bright）在其杰作《捐赠基金的法律和知识》（*The Law and the Lore of Endowment*）一书中指出，确实应该仔细研究有关的限制，因为这些限制可能比表面所显示的还要严格。

的教育和研究项目。校友的捐赠可能会受到捐赠基金管理状况的影响。而且我们知道，个人投资者在市场快速上涨或下跌时，很难采取极长期的观点。

对于每一个可能的忧虑都应该进行严格考察，以便确定实际情况与正常的最优投资策略——在略高于市场平均风险的水平上广泛分散风险——偏离了多少。将这些理解和见解运用于客户的特定状况和目标，是为每一个不同的投资组合规划明智的投资策略的基础。

规划和运用明智投资策略的目标时，我们首先必须认清：大多数机构性的基金，如退休基金和捐赠基金，都不是由某个人拥有的金钱。这种基金并非真正“属于”某个人，没有一个人能够说：“这是我的钱，我希望你用这些钱实现某个目标。”换句话说，这些钱没有真正的主人。

另一方面，就个人的基金而言，投资者是钱的主人，因而常常出现的问题也是“委托人问题”，因为委托人总是要做点事情。不幸的是，对积极的投资者来说，历史的教训是：在投资方面，耐心和毅力或善意的忽略比积极更有益。我们把一句警告倒过来说：“什么也别做，站在那里就行！”

其次，我们应该认识到，在大多数机构性基金里，负责控制的人通常只是一个组织的代表，这些代表要承受事后诸葛亮的批评，因此他们有明确的经济诱因，促使他们保护自己的职业生涯，他们的想法是：“这些可能不是我的钱，但这是我的工作和事业。”

这些机构代表的职业生涯很少依据他们制定投资策略或管理投资经理人的成效而定。

在这种情况下，我们还能希望这些机构代表怎么做呢？他们显然是倾向自我保护和自我防卫的人，他们会将相当短的期间，例如3~5年的期间，作为决策依据。他们不会尝试制定最适当的策略，反而会希望实现在优异回报与避免背离常规之间寻求短期的、最可以让人接受的平衡。而且最重要的是，他们会避免任何不必要和令人烦恼的风险，以免危害自己的职业生涯。

投资者对于自己的需要，必须像专家一样，
尽到自己的责任。

大多数投资经理会怎么做？他们做的事几乎一样，当他们和他们的企业很年轻时，他们通常很大胆，一旦逐渐长大，他们就会希望保有客户。由此可知，他们会很谨慎，甚至会过度谨慎。他们太担心失去客户，因此会呈现出过度防卫的倾向，采取折中之道。

观察者在看到这一令投资管理者感到困惑的悖论后说，在客户似乎无意遵守纪律时，期望投资经理冒着危害客户关系的风险，坚持推动深思熟虑、目标明确、仔细说明的投资策略，实在不切实际。

能否远离这种悖论，要看客户是否明白他是自己的需要和财力方面的专家，从而承担起责任，坚持适当的投资目标和投资策略。

因此，我们不应该对代理人抱希望，而应该对托管人抱希望。但是，在机构的投资管理上，并没有托管人。而且，会负起责任的个人投资者实在太少，他们都假设专家懂得比较多，比较深入。如果投资者不愿意像托管人一样行动，那么我们可以肯定地说，这种悖论会在很长时间内持续存在。在这种情况下，个人投资者有一个可以超越投资机构的重大机会，即在真正的投资目标和长期投资策略之间取得最佳平衡。

尽管你不可能战胜市场，但你可以利用许多人都在企图战胜市场这一事实。这就是为什么投资者的梦之队能够创造出具有非凡吸引力（高价值、低成本）的投资工具——指数基金。

依靠“换一个角度看问题”，你可以专注真正重要的事情，即不枉费心力去击败市场，转而注意极有可能实现的合理目标，也就是制定和实现你自己的长期投资目标。你越能认识到别人把精力放在错误的事情上，就越能冷静、坚定地把精力放在正确的事情上。

CHAPTER 8

第8章 时间因素

在投资方面，时间是阿基米德的杠杆。

人们经常引用阿基米德说过的一句话："给我一根足够长的杠杆和一个支点，我就可以撬动地球。"在投资方面，这一杠杆就是时间，支点当然是坚定而实际的投资策略。

在任何投资计划中，投资持有的时间长短，即据以衡量和判断投资成果的期间，是最重要的单一因素。

如果时间短，回报率最高的投资（长期投资者希望进行此类投资）会不适宜，聪明的短期投资者会避免这种投资。但是，如果投资时间很长，聪明的投资者就可以十分安心地坚持这种短期看来风险很高的投资。

只要有足够的时间，原本似乎没有吸引力的投资，可能会变得极具魅力。时间会把最没有吸引力的投资变成最有吸引力的，反之亦然。因为预期的平均投资回报率虽然完全不受时间影响，但以预期平均值为中心的实际回报率的分布范围受时间的影响却很大。投资持有的时间越长，投资组合[1]的实际回报率越接近上述预期平均值。

因此，在不同情况和不同目标下，时间会改变投资者对各种不同投资方式的应用。

计算投资回报率，也就是计算投资回报率的平均值和分布状况，所使用的期间通常是一年。这种12个月的时间框架很常见，而且大家普遍应用，但根本不能匹配不同投资者的时间要求，因为投资有各种不同的限制，目标也不同。例如，有些投资者一次只投资几天，有些投资者却会持有投资几十年，而真正重要的是时间框架的差异。

为了显示时间到底有多么重要，我们现在以一种夸大的方式，看看投资于普通股一天的预期投资回报率。

> 短期风险不应该是长期投资者的主要考虑因素。

典型的股票每股价格是40美元，在正常交易日里，价格波动范围很可能是在39.25~40.5美元之间，波动幅度是1.25美元或3.1%。请记住，在当前的市场上——考虑到当前对未来通货膨胀的预期——普通股的年投资回报率大约是15%，我们假设投资一只股票的预期每日回报率为0.06%（年回报率15%除以250个交易日），预期每天波动幅度是±1.55%（每日波动幅度3.1%除以2）。

现在把每日0.06%的回报率和3.1%的波动幅度转化为“年

① 相比之下，随着时间的拉长，个别投资的实际回报率的差别会越来越大。

率”，预期的年度平均回报率应该是15%，但是，以15%为中心的回报率波动幅度却高达±387.5%（换句话说，我们在假设的股票上投资一天，年度投资回报率介于获利405.5%和亏损372.5%之间）！

当然，理智的投资者投资普通股时，不会故意只投资一天、一个月或一年，这么短的时间就投资普通股而言显然太短，因为和预期的回报率平均值相比，这种投资的预期回报率变化太大。这样投资普通股会造成额外的不确定性，没有足够大或足够确定的回报来平衡其中的风险。持有普通股的时间这么短不是投资，是极端的投机。

另一方面，这样故意用一天的模拟来说明年度回报的一般用法，会使投资者在评估期间改变时认真分析投资满意度的差别。具有很长时间框架的投资者，很可能完全投资在普通股上，而另一个时间框架很短的投资者，会只投资于国库券或货币市场基金，这种分析会显示两种投资做法同样明智。这种分析也显示出为何中期投资者的时间框架延长时，会把投资重点从货币市场基金转移到债券，然后逐渐提高股票投资的比重。

> 时间会把一些最没有吸引力的投资变成
> 最有吸引力的投资，反之亦然。

图8.1明确显示，不论投资期间的长短，预期投资回报率平均值恒久不变，也显示出时间对实际回报率的影响。

在很长的期间里，普通股每年的投资回报率几乎是不连贯

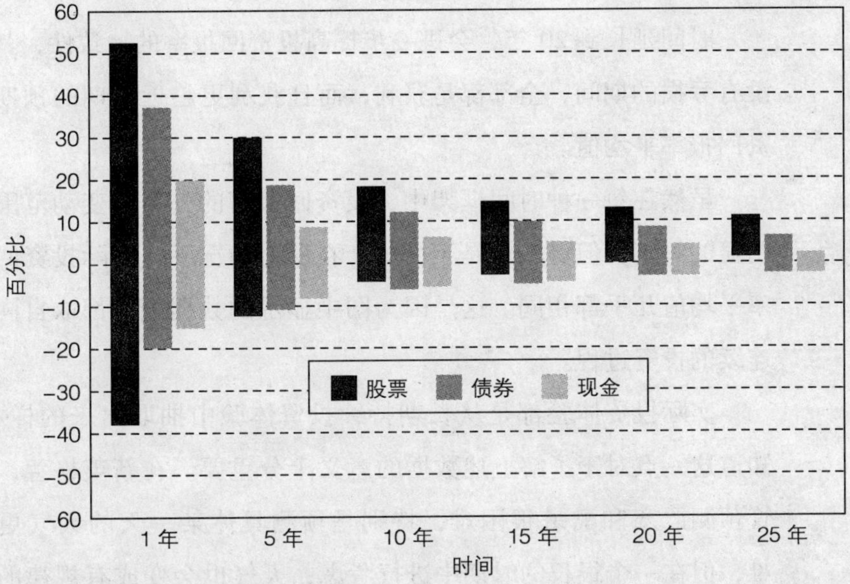

图 8.1　扣除通货膨胀因素后股票、债券、现金的收益范围（1900～2000）

的，获利有高有低，亏损也有多有少，整个形态似乎呈现出随机漫步的状况。在最好的情况下，你每年可以赚到 53.4% 的回报率，但在最糟的情况下，你可能亏损 37.3%，要“总结”差别如此之大的一年期体验，希望从中得到任何投资回报率的“平均值”，似乎很荒唐。

把时间框架延长为 5 年，一致性和规律性就会大幅增加。例如，亏损的期间会减少，获利的期间似乎会增加且变得比较一致。原因在于评估的期间拉长，平均投资回报率开始压倒单一年度的差异。

再把期间拉长到 10 年，投资回报率的一致性会显著提高，只出现一次亏损，大部分期间都有平均 5%～15% 的年度收益率。这个例子里，平均投资回报率的力量——现在是以 10 年的复利计算——再度压倒单一年度的差异。

时间延长到20年，会进一步提高投资回报率的一致性，其中没有亏损的期间，全部都是获利，而且获利更趋近长期的预期投资回报率平均值。

虽然在每一种时间框架中，投资回报率的分布和变动范围有明显的差别，但有一点是不变的：在所有情况下，实际投资回报率平均值几乎都相同。这是因为图中显示的数据全部都取自同一连续的投资过程。

实际投资体验都是从长期持续投资体验中抽取出来的样本，知道这一点对于了解上述数据的意义十分重要。在新英格兰，尽管预测严寒和酷暑很困难，特别是预测具体某一天的天气更困难，但在一个很长的时期中进行考虑，天气也会变成有规律的气候。同样，在投资方面，耐心的观察家可以看出真正的基本形态，使看来随机分布的每年、每月或每天的体验不会显得十分混乱，而是有规律可循。

在天气和投资上，更大的样本量使我们更加容易了解总体状况。了解了这种正常状况，我们就能够设计自己的行为，以便利用占有优势地位的长期正常形态，不至于因为日常事件在短期内展现出的令人惊惶的巨大力量而慌了手脚。

在投资策略上，最重要的问题是资产组合，尤其是固定收益投资和证券投资的比率。

近年来，对于资产组合的讨论引起了相当多的注意。分析一再显示，风险和回报的权衡受时间这个关键因素所左右。

不幸的是，在大部分情况下，通常不是出于特定基金的需要而选定时间框架，而是采用常用的5年期间。采用5年的时间框架，通常会导致股票和债券之间常见的60:40比率，10年的时间框架会采用80:20的比率，15 年的时间框架经常会产生90:10的比率，其余可以类推。不幸的是，这些时间框架没有一种“适用于”退休基金或大学捐赠基金，甚至对大多数为其子女储备资金的个人投资者来说，这样的时间框架也不“正确”。对于投资的时间框架以 30 ~ 50 年甚至更长时间为基准的基金而言，上述时间框架实在太短了。

在资产组合的决策上，最令人困扰的事情不是根据不适当的短期框架制定决策，而是几乎根本没有慎重而明确的决策。例如，尽管近乎于永久性的特点使得退休基金比任何其他类型的投资者都更能接受暂时的市场波动，但在 20 世纪 70 年代至 90 年代，典型的退休基金持有证券的比例只有 50%。换句话说，在管理典型的退休基金时使用的时间框架不是 30 年或 50 年，而是 3 年或 4 年。

这些基金在过去的投资回报率上付出了机会成本。后来人们发现，在 20 世纪 80 年代和 90 年代，股票缔造了创纪录的投资回报率，以复利计算，每年超过 15%。

投资历史明确显示（正如我们在第 2 章看到的），市场复苏的第一个星期带来了收益的很大一部分。然而，在至关重要的市场底部，波段操作者很可能退出市场——这就丧失了最好的时机。但是，这不是争论的关键点。关键在于，投资者只有在考察了内在的风险和收益并确定哪种策略最适合自己后，才会决定采用这种谨慎的资产组合。

很明显，如果更多的投资者坚持采用长期观点，那么他们的基金通常会采用不同的投资方式，并赢得更高的回报。

CHAPTER 9

第9章 投资回报

每一个人都知道，投资回报以两种大不相同的形式出现：一种是相当容易预测的现金，来自利息和股利；一种是行情的涨跌。涨跌相当难以预测，短期涨跌尤其如此。投资者把大部分的时间和技巧放在行情的变化上，设法胜过其他人，提高投资回报率。他们都犯了大错。

行情发生变化，是因为活跃的投资者对股票到底值多少钱共识发生了改变。这种共识由成千上万家机构和个人决定，这些人不断地寻找投资获利的机会。为了找到这种机会，投资者会研究所有主要国家的货币、财政、经济和政治形势发展，拜访数以百计的公司，参加数以千计的早餐、中餐和晚餐聚会，与公司经理、经济学家、产业专家、证券分析师和其他专家见面，研究几百家公司和几十家大型证券经纪商出版的大量分析报告，大量研读产业界的出版物，而且几乎不断地通过电话与拥有理念、信息或远见的人交谈。活跃的投资者希望利用这些东西，改善投资绩效。

除了研究理性的世界之外，投资者也研究不理性的世界，如

“投资者心理”、大众信心、政治和“市场状态”，因为在短期内，市场行情和人性很接近，都是没有理性的。投资者感知与解释信息的方式、应对形势发展的方式，对行情会有很大的影响，在短期内尤其如此。因此，活跃的投资者总是在自己的意见变化被其他投资者利用之前，寻找和利用其他投资者意见的变化，以便从中获利。并非所有投资者的解释和感知都是“正确的”，其中很多都错得离谱，事后来看尤其如此。

在今天动力十足的市场上，投资管理是一种奇妙、激烈、迷人、希望无穷、痛苦、压力巨大和愉快的过程，是在世界上最自由、竞争最激烈的市场中，对抗许多最有才干、最有野心的竞争者，靠着更丰富的知识、更明智的解释和更好的时机把握，赢得优势（具有讽刺意味的是，对大多数投资经理和他们的客户而言，其实这些活动大部分都不重要，不重要的原因并非这些投资经理缺乏才华，而是因为他们的对手中有太多人都同样才气十足）。

在评估普通股的价值时，要关注两个主要方面：第一个是投资者对于未来盈余、股利的可能数量和时机的共识；第二个是投资者采用何种贴现率将预期未来股利和盈余折算成现值。

> 你多优秀并不重要，重要的是和对手相比，
> 你有多优秀。

对于未来股利与盈余预估的共识，会因为投资者和时间的不同而有所不同，原因在于对实际增长、需求的周期性波动、价格

和税负、发现和发明、国内和国外竞争的变化等因素的估计会有变化。长期而言，适当的贴现率会随着很多因素变化，其中最重要的是对特定投资或一般投资风险的认知、预期的通货膨胀率，以及把预估股利或利息分派折算成资本现值的贴现率。但所有人都知道，价格和价值不是一回事。

对收益、红利以及贴现率进行估计的时间框架越长，由投资者对现值的共识造成的股价每日或每月波动就会越大。

长期投资者从经验中知道了经济行为的钟形曲线分布规律——在极限约束条件下事件的正态分布——以及在经济中和股市中主要力量向“正常状态”移动的强大趋势。长期投资者知道，当前事件离钟形曲线的中心值越远，向均值回归①的力量就越强大，这一力量会将当前的数据拉回到“正常值”和钟形曲线的中心（今天的天气越热，明天天气不太热的可能性就越大）。

投资者想要知道未来年份最可能的投资前景。“向前看”的一个简单办法就是对两个重大因素进行评估：长期利率和公司利润。保持现实的一个好方法是假设未来利率和利润的范围介于过去最高和最低点之间，并趋向于各自的平均值（注意：如果市场走高，习惯于从后视镜中评估未来前景的投资者会增加一些向上的动力，而如果市场走低，他们就会增加一些向下的动力）。

1999 年，沃伦·巴菲特利用这种直接的方法展示了为什么要在 +6% 和 -2% 之间进行通货膨胀调整，实现预计 4% 的年实际收益率（当时经验丰富的投资者预期在未来 10 年中的年平均收益率为 13%）。注意：重要的不是人们对遥远未来的共识，而是

① 水手们都知道扶正力臂（righting arm）的力量。当船体越来越倾斜时，龙骨使船保持正常状态的力量就越大。当“旱鸭子”越来越担心翻船时，经验丰富的水手们知道防止船体继续倾斜的力量在不断加大。

我们真正到了那一遥远未来时流行的共识。

> 一般的长期投资体验绝不令人惊讶，
> 但是短期体验总是令人惊讶。

随着评估时间框架的拉长，贴现率的重要性与当前证券市场价格的重要性相比会越来越高。

相比之下，投资者持有其投资的时间越长，贴现率的重要性越低，股息的重要性则越来越高。

对于注重价值的极长期投资者来说，获得的收益和股利就占有压倒性的相对重要性。对于注重价格的极短期投机者而言，一切都要看投资者每日、每月的心理变化（用比较正式的话说，就是适当的贴现率），以及大家愿意支付的价格而定。就像天气一样，一般来说，长期投资体验绝不会令人惊讶，但是短期体验总是令人吃惊。

众多的研究显示，投资回报的历史有三个基本特性：

1. 普通股的平均投资回报率高于债券，债券的回报率又高于短期的货币市场工具。
2. 普通股每天、每月和每年的实际回报率的波动程度，高于债券回报率的波动程度，后者又高于短期货币市场工具的波动程度。
3. 随着评估期间缩短，一期和一期之间的投资回报率波动程度会提高，评估期间拉长，波动程度会降低。换句话说，长期而言，投资回报率会显得较为正常。

•

投资回报率有一个特性，令人印象十分深刻，就是普通股逐年的投资回报率变化会使股票的年度平均回报率大为失色。

我们现在都知道，“普通股产生9%的平均投资回报率”没有意义，这句话不完整，又会误导大家。下面的说法好多了:“过去50年来，实际的投资回报率介于亏损43%[①]和获利54%之间。几何平均投资回报率大约是9%，以这一平均值为中心的实际投资回报率的标准差接近22%。最后，我们很遗憾地承认，我们无法说明这些收益的因果关系，它们是随机出现的。”

这两种说法差异很大，对于在“正态”钟形曲线分布的形态中意外遭遇最大亏损年份的投资者来说，两者的差别尤其巨大。这就是为什么投资机构和投资经理现在学着用正式的统计名词来说明投资回报率。散户最好掌握足够的统计语言，才能确实理解均值、钟形曲线、正态分布的意义，才能理解两种标准差的意义，以便衡量反常事件预期出现和确实发生的频率。

除了理解将投资回报描述成围绕均值分布的重要性之外，我们也必须学会把平均投资回报不同的组成部分区分开，分别进行分析。

平均投资回报中有3个主要构成部分:

1. 无风险的实际投资回报[②]。

---

① 这些是未扣除通货膨胀因素的正常投资回报率，前文所引数据是扣除通货膨胀因素的“实质”投资回报率。

② 国库券没有到期不能还款的风险，因为如果政府缺钱，它会再印一些。

2. 无风险投资回报之上的溢价，用以弥补预期通货膨胀对购买力的侵蚀。
3. 扣除通货膨胀因素后的无风险投资回报率之上的溢价，用以弥补投资者所接受的市场风险。

把整体投资回报分为三种类型，使我们可以比较股票、债券和国库券这三种不同的投资。罗杰·伊博逊（Roger Ibbotson）和雷克斯·辛克菲尔德（Rex Sinquefield）已经进行了一系列划时代的研究，他们在其著作中画出了一张表，显示他们在1926年到1991年55年期间的重大发现（参见图9.1）。他们的分析很有启发性①。

国库券似乎相当安全、可靠——名义上说是这样，但没有扣除通货膨胀因素——因为在55年内，有54年的回报是正数。然而，扣除通货膨胀因素后，回报为正的年度还不到60%。更惊人的是，经过通货膨胀调整后，国库券的平均年度投资回报率为零。

换句话说，国库券的收益率通常顶多只能与通货膨胀率相当，在大部分情况下，你可以拿回你的钱，这些钱的购买力安然无损。但是，你的收获也只有这些，你的钱实际上没有任何回报，只是把你的钱还给你而已。

在扣除通货膨胀因素后，长期债券产生较高的投资回报有两个原因：公司债券有无法偿还的风险，而且由于公司债券和政府债券的到期日比较长，迫使投资者暴露在市场波动中，为了应对利率变化，投资者除非获得较高的投资回报率作为补偿，否则不

① Roger G. Ibbotson and Rex A. Sinquefield, *Stock, Bonds, Bills, and Inflation: The Past and the Future* (Charlottesville, VA: Financial Analysts Research Foundation, 1982).

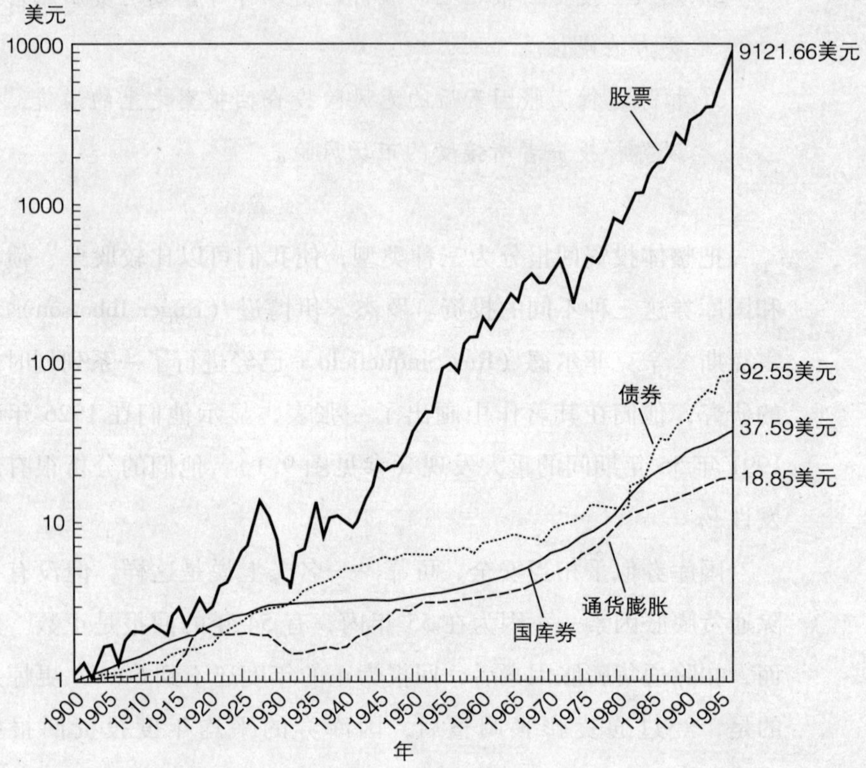

图 9.1　1925～1990 年美国资本市场的投资财富指数（1925 年底 = 1.00）

资料来源：*Stocks, Bonds, and Inflation* 1991 *Yearbook.* Copyright © 1984 – 1991 Ibbotson Associates, Inc. All Right Reserved. Stocks, Bonds, and Inflation and SBBI are service marks of Ibbotson Associates.

会愿意暴露在这种波动中，因此长期债券要支付较高的利息，这就是到期溢价，估计到期溢价约为 0.9%，高等级长期公司债券的溢价约为 0.5%。把这两种溢价加在无风险投资回报率上，扣除通货膨胀因素后，政府长期债券的年度实际投资回报率就变成约 1.0%，长期公司债约为 1.4%。

同样，普通股的风险溢价约为 6.1%（扣除通货膨胀因素后，预期实际投资回报率同样也是6.1%)。

在去掉通货膨胀强大的破坏性影响并在合理的长期内进行考察，投资回报率（或投资者所要求的投资回报率）的确十分一致。

这种一致性起源于两个主要因素：

1. 投资者在要求较高的投资回报率以补偿他们所承受的较高市场风险方面有一致的需求。
2. 随着评估投资回报率期限的拉长，贴现率变化造成的回报率短期波动变得越来越不重要，比较稳定的预期股利变得越来越重要。

关键问题是，我们从证券投资中得不到十分精确或“正确的”投资回报率数据，而且也没有希望得到，正如同我们从其他复杂的、动态的、受众多大小外在因素影响的连续过程中取样也得不到正确的数据一样。但是我们可以得到非常有用的近似值，了解过去回报率的实际状况和最可能出现的情况，这就是我们建立长期基本投资策略所需要的一切。

除非你在评估期一开始买进，在结束时卖掉，让资金完全退出市场，否则绩效数据只是假设性的统计。它们描述了取自很长时期持续过程中的样本，在这种过程中，股价经历一系列“随机漫步”过程，每一只股票都根据不断修正的未来盈余和股利预估以及经常变化的贴现率的预估，得到一连串实际现值的近似值。

投资回报率的另两个问题也很重要：第一，预期通货膨胀水平对投资回报率变化的影响很大，对几乎永续存在的普通股尤其如此。预期通货膨胀率从1960年的大约2%，上升到

1980年的10%左右，这种通货膨胀率加上其他变化，使大家要求的普通股名义平均投资回报率从1960年的大约9%上升到1980年的17%左右，这造成股价大幅下跌。经过通货膨胀调整后，投资者在这段调整期间遭到的损失，是半个世纪以来最严重的。

预期通货膨胀率持续上升，会进一步打压股价，直到购买者能够得到足够的回报率为止，使未来“实际”收益和股利跟以前预期的一样，以便弥补现在预期的通货膨胀率和风险，并在2/3的年度里，提供大约介于+6%或-12%的无风险实际回报率。预期通货膨胀率下降会有相反的效果，就像我们在1982年之后15年中所看到的情形一样。

第二个问题是短期投资回报率的差异看来可能很小，但就长期而言，以复利的方式计算，就会产生很大、很明显的差异（有人问爱因斯坦，人类最强大的发现是什么。爱因斯坦毫不犹豫地回答说：“复利！”复利意味着不仅你的本金得到利息，连再投资的利息也得到利息）。

> 有人问爱因斯坦，人类最强大的发现是什么。
> 他毫不犹豫地回答：“复利！”

表9.1显示了投资1美元，用不同的复利率计算，经过长短不一的期间所得到的结果。这张表值得仔细研究，特别是时间的力量。这就是为什么说时间是投资管理中“阿基米德的杠杆”。

表 9.1　长期中的复利

	投资期间		
复利计算的投资回报率（%）	5年	10年	20年
4	$1.22	$1.48	$2.19
6	1.34	1.79	2.65
8	1.47	2.16	4.66
10	1.61	2.59	6.73
12	1.76	3.11	9.65
14	1.93	3.71	13.74
16	2.10	4.41	19.46
18	2.29	5.23	27.39
20	2.49	6.19	38.34

在离开令人兴奋的投资回报领域之前，让我们再看一下图8.1，特别是25年回报的数据。扣除通货膨胀因素后，适中的实际收益率会给我们留下深刻印象，并具有教育意义：股票为6.6%，债券为1.8%。

在过去不平凡的25年中，我们经历了非常令人满意的投资体验，上面的两个数字对于提醒我们投资收益的正常值或“基本收益率”是非常有用的。

当心“平均值”。如果股票投资的平均回报率是11%，那么在过去75年中股票投资回报率真正达到11%的频率是多少？只有一次①。那么接近这一回报率的频率是多少呢？只有3年的回报率落在10%～12%这一范围内。

大多数投资者不想武断地把自己排除在取得优异成绩的行列之外。如果你相信路易斯·巴斯德所说的“机会偏爱有准备的头

① 那是在1968年。

脑”，那么你就要确保自己已经准备好了。首先，要做好什么也得不到的准备。在将近40年持续地与世界上很多最优秀的投资者的接触中，我只发现了两个重大机会：平均20年才出现一个。

如果你发现了一个重大的投资机会，你会怎么做？尝试着问自己四个问题，并请其他人检查你的推理过程：

1. 哪些可能真的是对的，发生概率如何？
2. 哪些可能是错的，发生概率如何？
3. 你对将自己的大部分资产投资于这一机会信心十足吗[①]？
4. 如果价格下跌，你真的会更多地买入吗？

① 我父亲是个桥牌迷，而且经常玩。有一天晚上的经历令他印象深刻，他的搭档以阻击叫开叫：“红桃小满贯。”当他那位兴高采烈的搭档告诉他“这付牌肯定能打成”时，我的父亲感到很惊讶。当搭档让他看到自己的牌时，父亲惊呆了：全是红桃。由于非常吃惊，父亲问了一个很明显的问题：“你为什么不叫大满贯？”他听到的回答一点儿也不让他感到有趣：“我不知道你的将牌上能对我有多少支持。”父亲一直没有从这次打击中完全恢复过来，失去的这次机会令他终生难忘。

CHAPTER 10

第10章 风险

风险是极为简单的字眼，不同的人赋予风险这么多不同的意义，的确令人惊异［风险和不确定性不同，风险描述的是发生概率可知情况下的预期回报，精算死亡率表（actuarial mortality table）是人们熟悉的例子，精算师不知道弗兰克在14年内会发生什么事情，却相当清楚在1亿人的群体中每一年（包括第14年）会发生什么事情］。风险和投资上的不确定性有关，学术界人士探讨beta系数和风险时，他们指的就是这种意思，可惜他们没有使用正确的名词。

积极的投资者思考风险时，通常采用四种不同的方法。

第一种风险是价格风险。如果你用过高的价格购买股票，你可能亏钱，如果你认为一种股票价格可能太高，你就知道自己正在冒某种价格风险。

第二种风险是利率风险。如果利率上升（为了弥补预期通货膨胀的变化）幅度超过目前的预期（已在市场中反映出来），那么你的股票价格会下跌。这时你就知道自己已经在承受风险。

第三种风险是企业风险。公司可能会犯重大错误，可能无法产生收益，如果是这样，股价就会下跌，这样你又承受了风险。

在极端的情形下，公司有可能倒闭，Equity Funding 公司、Penn Central 公司以及 Baring Brother 公司全都倒闭了，IBM 公司也很危险。专家老手会告诉你：“这才是风险！”

他们的话很正确，但是看待风险还有一种方法，这种方法是过去 30 年来学术界大量研究的成果，越来越多的投资经理和客户使用这个定义，没有什么能比一个有效的理论更强大了。以下是这个理论的观念：

> 投资者暴露在三种投资风险中。一种风险根本无法回避，但是投资者会因为冒这种风险而得到回报。另两种风险可以回避，甚至可以消除，投资者接受这些不必要的和可以避免的风险不会得到回报。

在对这三种差别很大的风险进行深入探讨——并展示投资经理和客户如何利用自己的理解建立投资策略——之前，我们先暂停一下，讲一讲积极的投资者如何看待我们即将讨论的得不到回报的风险。

所有积极投资者的基本假设是他们会胜过市场，因为他们会买进低估的股票，卖出高估的股票，用这种方式发现和利用获利机会（如第 1 章所述，他们之中大部分人会失望）。对于那些在高度专业化的市场中进行竞争的投资者来说，额外风险，更准确的说法是“投资者风险”，就是认为自己知道一些特别的事情，但在绝大多数情况下这些事情都不是真的或在理解上有错误，或者是众所周知的，而且市场已经根据这一信息进行了调整——再加上你在制定投资决策时情绪化超过了理性——使你做出错误判断。

现在我们回到这一强大而有用的理论上。前面指出，投资者暴露在三种投资风险中，有一种风险根本无法避免，但是会让承担这种风险的投资者得到回报。另两种风险几乎可以消除，承担这两种风险的人不会得到回报。

不能避免的风险是整个市场固有的风险，这种市场风险潜藏在所有投资中。选择波动性大的股票，或利用杠杆，会增加这种风险；选择波动性低的股票，或是在投资组合中保留部分现金，可以降低这种风险。但是，这种风险始终存在，不能避免或消除，因此必须进行管理。

两种可以避免或消除的风险关系密切，一种与个股有关，另一种和类股风险有关。第一种可以被称为个股风险，第二种可以被称为类股风险①。

若干例子可以澄清类股风险的意义。成长股这种类股价格会同时上涨或下跌，原因之一是投资者的信心变化，以及在审视未来时愿意看得比较近还是比较远。投资者很有信心时，评估成长股会看到很远的未来。公用事业股和银行股之类的利率敏感股，会受到预期利率变化的影响。同一种产业的股票，例如汽车、零售、电脑等类股，会受整体产业预期变化的影响。影响类股的共同原因确实很多，为了避免不必要的复杂性，避免只注重枝节问题，投资经理思考时，重点通常会放在主要的类股上。

① 学者们用略微不同的术语来描述这三种风险：市场风险被称为系统风险，个股风险被称为特定风险，类股风险被称为额外的市场风险。这种说法似乎比较清楚、比较自然。个股风险或类股风险是在评估投资回报率的期间内个股或类股价格行为与整个市场不同（不管是有利还是不利）的风险。

投资风险有三种，两种实际上可以避免，
第三种叫市场风险，必须好好管理。

与类股和个股风险有关的重点是：投资者不见得要接受这些风险，这些风险可以消除。投资特定市场或类股的风险和整体市场风险不同，可以分散——到让人忘掉的程度。

因此，在一个有效率的市场上，只是多承受个股或类股风险并不能也不会超过市场的投资回报率。只有在冒险能够提高回报率时，投资经理才应该冒这种风险。大量证据显示，承受这种风险虽然有诱惑力，回报却不足。不错，经常有人谈到专业投资者对某类股票“加大投资”。但是实际上，有人这样做，不表示通常都会成功。

接受承担个股或类股风险不能带来相应回报的观念很重要，因为投资经理用客户的资金承担这种风险，只能期望依靠他的高超技巧，选择价格不适当的个股或类股，胜过所有和他竞争的投资经理的整体技巧，以得到回报。第 2 章已经解释过，就算投资经理承受这种风险，也只有在他的竞争者犯错时才能获利。

投资者承担超过平均水平的市场风险，
可以赚到超过平均水平的回报。

显然，利用简单、平凡的策略，设计一种模仿市场的投资组合，就可以规避这种风险：不必偏离投资组合的性质，不必偏离与整个市场有关的投资回报率，而且不必承担类股或个股风险。

请注意，消除了这两种类型的风险，不表示所有的风险都被消除了。整体市场风险总是存在，而且就风险而言，这种风险很大。

指数型基金是模仿整个市场的投资组合，拥有重大的优势，可以分散特定市场部门和个股的风险，为投资者提供了一种通用、便宜的股票投资方法。

厌恶风险的投资者在投资时，如果能够降低所必须接受的市场风险，他们会乐于接受较低的投资回报率，也乐于看到其他投资者得到较高的投资回报率，这样其他投资者才会被吸引，接受较大而且无法避免的市场风险。但是，如果承担风险的投资者承受的是通过“购买市场”就可以轻易避免的风险，那么他们就得不到回报。

市场风险则不同，因为这种风险无法规避，厌恶风险的投资者如果希望承担低于市场水平的风险，必须乐于接受低于市场水平的投资回报率。他们这样做，可以让乐于接受高于正常市场风险的投资者得到高于正常水准的回报率。这就是为什么后者——特别是在比较长的期间内——得到的回报率高于正常水平的原因。

一个股票投资组合的市场风险水平可以相当精确地估计出来，方法是用加权平均的方式，计算投资组合中股票的历史价格行为，然后与整个市场比较①。

① 内置于任何单一市场的投资风险当然可以通过在各个行为不同的市场进行平衡投资的多市场投资组合方式进行降低。这种分散方式是房地产投资和国际化投资的重要动力。法国、日本、意大利和澳大利亚股市波动像美国股市一样厉害，但是，波动的时间通常不同，原因也略微不同。投资组合将投资分散于多个市场，会因为投资的分散化而降低任何单一市场“无法避免”的市场风险。

对于非常长期的投资者而言，市场风险的最适当水平是略微高于平均水平。承受这一水平的风险确有道理，因为其他投资者大多受到限制，不能采取非常长期的观点，他们的投资要比较早地变现，以便支付子女的教育费用，或是因为信用到期，或是必须对一些近期或中期事件进行规划。有些投资者缺乏耐心，不能镇定地看待逐日、逐月、逐年股价的剧烈波动，但是在证券市场上，时间一长，一定会经历这种变化。这些投资者乐于付出代价，希望以较低的风险，承受较为平缓的波动，得到他们希望得到的东西。

简单地说，股票投资者的全部回报由四部分构成：（1）无风险的回报；（2）弥补投资整个股市的价格变动或风险的额外回报；（3）投资一种以上类股，可能因为各种经济、商业或市场心理的变化，导致类股表现出与大盘不同的潜在额外回报；（4）投资个股，可能因为相同原因，以致个股表现出与大盘不同的潜在额外回报。

同样，投资组合承受的风险可以分为三个部分：（1）与着重投资个股相关的风险；（2）与着重或避免投资于受共同因素影响的特定类股或局部市场相关的风险；（3）与投资股票本身相关的风险。

因此，除了无风险的回报之外，与回报的各组成部分对应的是风险的组成部分。整体风险的组成部分包括整体股市风险、局部市场风险，以及公司股票价格行为与大盘相对照的不确定风险。

前面解释过，类股和个股风险可以分散，但是，整个证券市场的风险无法分散。图 10.1 清楚地显示，单一股票的风险主要由个股风险和类股风险构成，但是在一般的投资组合中，这两种风险会降到只占投资者整体风险的一小部分。

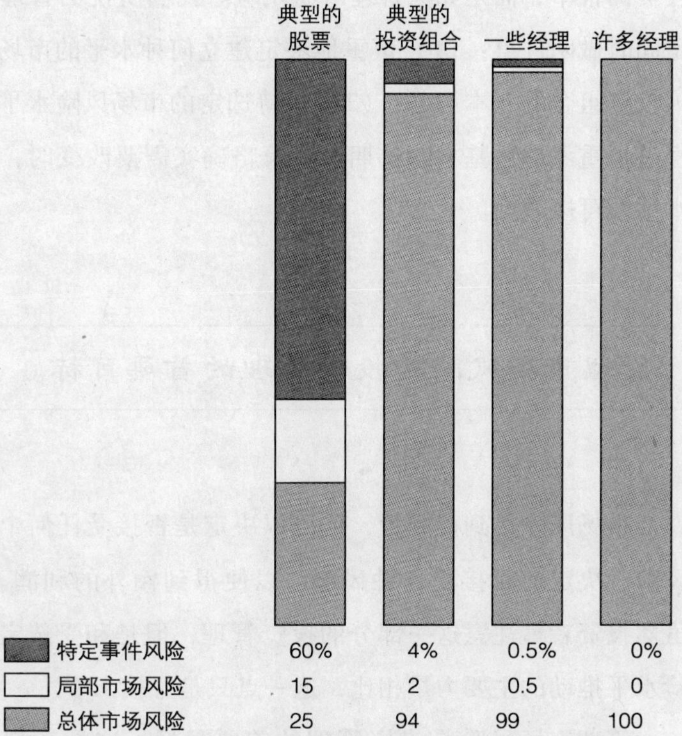

图 10.1 分散如何降低非市场风险

图中也显示出，一般的大型退休基金如果有好几个不同的经理人，分散程度会更高，这种高度分散会把个股和类股风险进一步降低到只占整体风险的极小一部分。

在雇用好几位经理人的大型基金中，这种非常分散的现象极为常见——通常每位经理人基于自己“不同”的投资风格，会有特别的选择，但是，彼此间的差异会互相抵消——这种现象引发了严重的问题，即在市场风险高于一般水平的机构投资中非常积极的投资管理和被动管理之间的对立。

我们现在知道，在投资管理上，最重要的因素不是如何管理投资回报率，而是如何管理市场风险。我们所说的管理市场风险是同时做两件事：（1）慎重地决定建立何种水平的市场风险，作为投资组合的基本策略；（2）坚持选定的市场风险水平。只有在经过慎重考虑后基本的长期投资策略确实需要改变时，市场风险水平才可以改变。

管理市场风险是投资管理的首要目标。

市场风险得到控制后，你可以决定是否接受任何个股或类股风险，决定何时接受这种风险，以便得到额外的利润。请注意，虽然投资者最注意这一部分的投资管理，但是和受选定的市场风险水平推动的主要力量相比，这一点只是旁枝末节。

管理市场风险是投资管理的首要目标，这是影响深远的主张，是本章的核心理念。投资组合得到的投资回报率来自三方面：依据重要性排列，最重要的一种是投资组合承担或避免市场风险得到的回报；其次是经历多次市场周期，维持风险水平一贯性得到的回报；最后一种是利用技巧，通过投资组合的分散投资，消除或尽量降低个股或类股风险，或刻意承担风险，从而得到良好的回报。

真正的投资风险和市场风险的差别在于时间的作用。不错！如果时间短，股票可能有很高的风险，但是，除非你开始投资计划时正好股市处在最高峰，否则的话，只要时间够长，股票的市场风险会消失，有利的长期回报率会逐渐显现出来，就像图 10.2

所显示的一样。对投资者而言，投资风险可以依据时间，分成短期风险和长期风险。

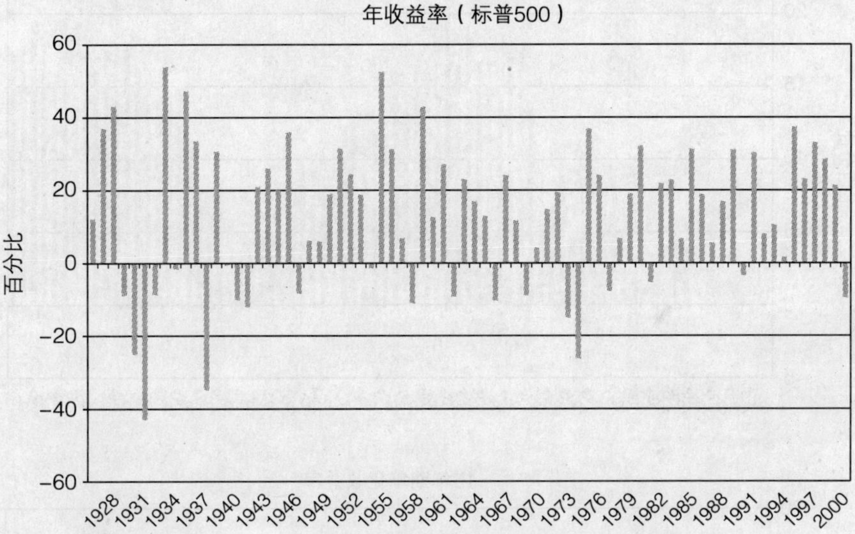

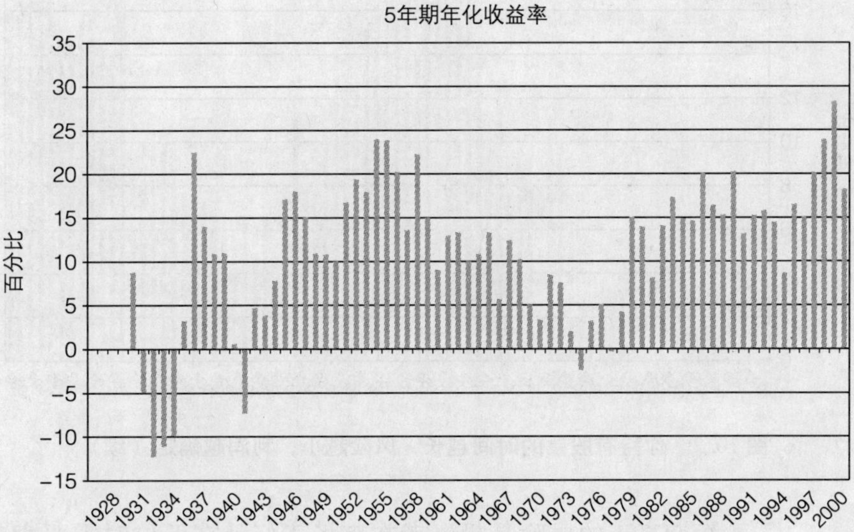

图 10.2　你持有股票的时间越长，风险越小，利润越确定

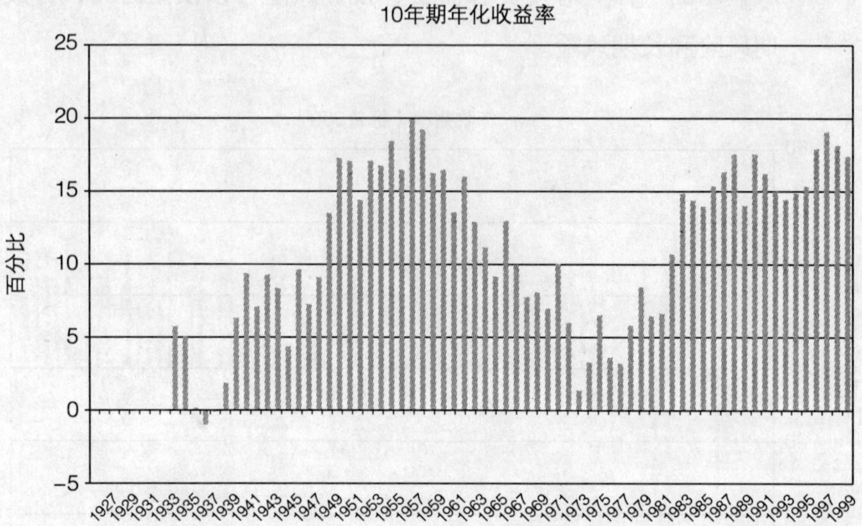

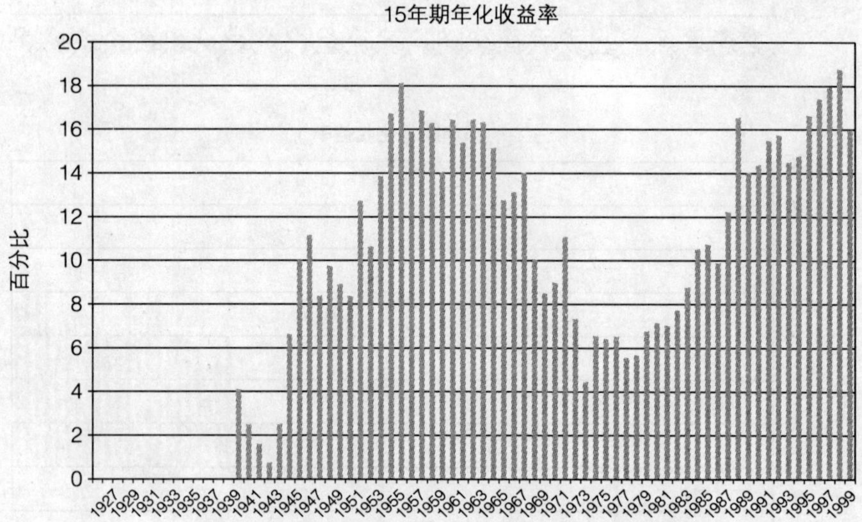

图 10.2　你持有股票的时间越长，风险越小，利润越确定（续）

短期真正的风险是投资者在市场正好处在低位时需要卖出，以便筹募现金。这就是为什么长期而言股票的风险显然最低，但就短期而言股票的风险显然也最高的原因（如果你不需要卖出，其实你不应该太担心股价的名义波动。股价波动可能很有意思，但是，就像远处的暴风雨或大海中的落潮一样，波动和你没有多少关系）。我们已经看到，长期真正的风险是通货膨胀和过度谨慎。

如果你知道自己的投资会持有很长时间，你就自动地有了自我保险，可以对抗短期行情波动的不确定性，因为只要你一直投资，波动根本没有什么关系。投资者对待短期市场风险，最好的对策是不理会其中的波动，当一位长期投资者。

投资回报率是由风险带来的，根本不是努力追求较高投资回报率带来的副产品，有了这种认识，就会改变投资策略的观念。我们现在知道该重视的不是投资回报率，而是了解实情之后的风险管理。

CHAPTER 11

第 11 章 建立投资组合

长久以来，投资管理的本质是艺术还是科学一直是专业投资经理非正式讨论时的热门话题，原因可能是讨论通常都用相当愉快的方式结束，证明投资管理的运作显然不是科学，因此一定是艺术。

任何人观察过天才投资者的工作后，都会承认选择个股或类股时的艺术成分，如细致、直觉、复杂和通常几乎无法解释的性质等。杰出的艺术家是这一行中的英雄，菲尔·费希尔（Phil Fisher)、约翰·耐夫（John Neff)、彼得·林奇（Peter Lynch)、约翰·坦普顿（John Templeton)、乔治·索罗斯（George Soros)、派克·霍尔（Parker Hall)、沃伦·巴菲特（Warren Buffet）和罗伊·普赖斯（Rowe Price）等人都是如此。这些人都是罕见的天才投资者，他们和其他投资天才能够提高投资组合的价值，是靠着发现和抓住别人看不到或后来才看到的机会，对这些投资典范来说，选股的确包含着艺术性。

但是，对大多数投资经理而言，投资组合管理既不是艺术，也不是科学，而是很特别的问题，是在一套策略限制下，完全通过个人不精确的滤镜解读，在信息不充分或错误，以致形势相当不确定，或不断变动的世界中，用巧妙而有效的方法，处理或判定实现目标最可靠的方式。

尽管还存在很多不足之处，但近来数据的可获得性以及现代投资组合理论的长足发展，为投资经理——以及他们最老练的客户——提供了一些工具和分析性参考框架，使他们能够了解和界定投资问题，以便加以管理（认为投资组合的管理问题可以“解决”，的确是过于天真的想法，只要这些问题能够受到合理的控制和管理，得到令人满意的绩效，我们就很满意了）。

> 有效的投资组合是根据慎重选定的市场风险水平，尽量扩大预期的投资回报率。

就像第 9 章所解释的一样，我们现在知道，投资组合的真正挑战，并非如何进行低买高卖提高投资回报率，而是如何慎重地接受适当的风险或赌注，管理风险，得到在长期可以预见一定会有的较高回报率。

工程领域为我们上的一课是：找到解决问题的方案的关键是正确地定义真正的问题。在正确定义问题后，你就踏上了寻找解决方案的道路。在投资中，真正的问题是：如何在以后 10 年、20 年、30 年中进行投资，或如何在以后的 10 周、20 周或 30 周进行投资。如果你的真正问题是在长期中进行投资，那么你的解决方案真的符合长期投资的要求吗?

有效的投资组合管理有一个明显的特性，就是消除与个股或类股有关、我们“无意接受的”风险，以及慎重地接受预期的市场风险。

通过高明的选股，的确可能提高投资组合的价值，但是，个股和债券投资最好看成是建立精心设计投资组合的素材。这些投资对象可能是好素材，也可能是不好的素材，但是，就投资组合管理而言，这些素材必须能够让投资经理提高回报率，或减少风险，或是能够同时实现这两个目标，改善整个投资组合，个别证券才有价值。投资组合管理就是投资工程。

有效的投资组合要能够消除本可避免和无意接受的风险，并且根据慎重选定的市场风险水平，尽量扩大预期的投资回报率。有效的投资组合的预期回报率高于风险相同的任何其他可行投资组合，风险低于回报相同的任何其他可行投资组合。

建立这种有效的投资组合后，再承受个股或类股风险就没有道理，除非这种风险直接与某种特定机会相关，经过判断，认为值得冒险，以便利用这种机会，争取额外的回报。

通过投资于价格波动相对较大的股票所获得的回报并不出众，但是长期而言，冒这种风险可能会得到较高的回报。我们可以建立一种投资组合，接受比全市场平均风险高 20% 的市场风险。远高于这种风险水平时，很难设计一种高度分散风险的投资组合（既要实现分散程度良好，又要保证上述市场风险水平，股市目前的股票数量和种类无法实现这一目标）。

就正常期间和极长期而言，市场风险高于平均值 20% 的投资组合，预期的“额外”投资回报率应该是每年 1.4 个百分点。如果你认为增加 1.4 个百分点太少了，请记住，很少有投资机构曾经在任何相当长的期间里实现这种额外增加的年度回报率①。

到目前为止，我们的讨论集中于股票投资。债券投资组合的管理在细节上不同，但主要观念大致相同。

债券像股票一样，也有个别债券风险和群组风险。例如，就一个群组而言，一个特定产业的公司发行的债券，会因为这个产业的经济面发生重大变化而改变价值。具有强制赎回或再融资（refunding）特性的债券，会随着相对的市场欢迎程度，出现整体齐涨齐跌的现象。公司债券和政府债券之间的正常收益差距（从而造成价格差距）不断变化，会造成整个公司债券和政府债券的差价扩大或缩小。

有一点很重要，必须指出，就是债券评级机构发现，它们大部分的评级错误是由评估群组风险的内在困难性所造成的，而不是在同一产业或群组中评估不同发行人的个体风险造成的。因此，在不同群组间分散风险在建立债券投资组合时非常重要。

债券投资组合管理在观念上是用代表整个债券市场的被动投资组合作为起点。这种基本投资组合会分散到很多种债券中，以便对抗个别债券发行人的信用风险，而且会应用防御性的、到期日均匀分布的组合，以便对抗利率的不利变化。投资组合的整体品质和平均到期日是根据客户对风险的偏好以及潜在流动性需求而制定的。

历史数据显示，像股票一样，债券可以依靠分散投资，大幅消除个别债券的风险，结果由中级到低等级债券构成的投资组合，扣除所有利息或本金无法收回的实际损失后，长期而言，仍然能够提供高于较高级债券的净回报。因此，投资组合经理人可

① 计算方法如下：0.2×7%（权益投资高于无风险回报率）=1.4%（额外回报）

以通过专门投资中级到低等级债券，以提高扣除风险后的投资回报率。

长期投资成功最大的秘诀是避免严重亏损。

债券投资客户建立相当多元化的投资组合后，可以慎重考虑是否从基本投资组合中分散投资，并决定如何以及何时分散投资，要这样做，有好多个方法可以尝试：

- 预期信用评级改善（或降低）时，买进或卖出个别债券。
- 从投资价格高于历史平均水平的债券，改为投资价格低于历史平均水平的债券。
- 卖出价格暂时高估的债券（原因可能是市场不完善），同时买进价格低估的类似债券（亦即所谓的套利交换）。
- 在预期利率下降时，买进到期日较长的债券（具有免于强行赎回的保障），改变整个投资组合的平均到期日或延续期间。在预期利率上升时，买进到期日较短的债券。

然而，没有什么证据能够证明采用这些方法就可以持续地大幅改善投资成果，即使是专业的债券经理人也做不到。债券市场是一个非常有效的市场，就连最优秀的专家也很少有能力通过积极管理而使收益超过其收取的费用。那些的确显示出这种超凡能力的人必然要去管理更多的额外资产，使得其超凡绩效难以为继。长期而言，获利和亏损通常会彼此抵消。决定你的整体投资成效的最有利因素，是你要在债券上投资多少钱，或者是要不要投资债券，而不是你投资的是哪些特定债券。

尽管大部分投资者认为自己的投资是活跃、主动和攻击性的投资，但实际上股票和债券投资基本上都是防御性的过程，而且应该如此。长期投资成功最大的秘诀是避免严重亏损。在漫长的投资历史中，最悲惨的就是投资者过于勇猛，或是过度被贪心左右，因而招致严重亏损。杠杆常常成为一种自我毁灭的工具。投资者在确定其长期策略时，要明智地记住最大化和最优化之间巨大的差别。伊卡罗斯（Icarus，代达罗斯的儿子，他在凭借他父亲制作的人工翅膀逃离克里特时，由于离太阳太近以致粘翅膀用的蜡融化而掉进了爱琴海——编注）是一个最大化者，历史上许多被打垮的“把自己放到自己埋下的地雷上”的“财富缔造者”也是如此。

投资经理人的基本责任是控制和管理风险，以实现客户明智确定并明确声明的目标，限制或防止意外的发生。

CHAPTER 12

第12章 投资策略为何重要

你应该清楚说明你的长期投资策略，而且要写出来，以便在短期事件造成的影响使你的投资策略受到质疑时，协助你坚持自己精心选择的长期投资策略和投资组合。

技术改变了投资，就像全球定位系统技术改变了导航一样。拜技术所赐，投资经理可以为任何特定的投资组合创造出预期的“与市场有关”的结果。而且由于人们开发了许多投资技术，投资者完全有权利去实现自己期望的成果——以及投资经理的承诺。投资技术使得投资经理在长期中特别有效率。

因此，专业投资经理能够（而且确实应该）改变，要从短期的“保守审慎”和注重战术性的“投资艺术”，转变为根据投资者对中期市场风险的忍受程度，锁定明确的长期投资策略，持续一贯地实现特定目标。

投资者现在可以自由地专注于投资策略和明智的投资咨询问题，而且应该始终明智、尽心尽力地承担起完成这一任务的责任。

历史告诉我们，投资经理和客户都需要别人协助，才能成功地遵守纪律，信守长期承诺。这一点说明要自我克制，对于令人惊慌的短期数据，不要做出不适当的反应，并且不要像乐天派在市场高峰时，或悲观派在市场低迷时那样，采取看起来“明显”、迫切之至的不理智行动。简单地说，投资策略是对付恐慌最有力的解毒剂。保护长期投资策略免受短期不利数据影响的最佳途径就是知识和理解。当你身边所有人都受情绪驱动时，不要相信自己能完全保持理性。毕竟你也是人。

策略是对付恐慌最有力的解毒剂。

投资管理上所犯的小错，几乎全都是因为事前对于投资者自己内在的目标或外部资本市场和投资的理解不够充分，或是对两者都不够理解。如果一个重大决定在本质上是可靠的，那么这种决定一定不是在匆忙中做出的。匆忙中做出的决定绝对不能信赖。

投资策略模糊不清的情形太常见了，常常是市场低迷到了罕见的程度，形成了沉重的压力，使得人们很容易在错误的时间、根据错误的理由，做出错误决定。

如此匆忙地做出决策通常会导致卖出股票——此时股票的价值已经大跌——并且买进在下一个证券市场循环中资本价值不会增加的债券和固定收益投资工具，或者反过来操作。显然，这样在错误的时候改变投资组合，也就是卖低买高，对于投资组合的长期投资回报率可能会产生很大的伤害。

最近的回报率一直高于应有的期望时，也可能造成类似的伤害，投资者和专业顾问放弃了应有的谨慎，大胆提高投资组合的市场风险水平，买进起伏较大的股票。随后如果行情下跌，这种额外的投资组合风险的冲击力量可能加重，使必然会出现的恐慌更趋严重，造成另一轮“低价卖出”先前“高价买进”的股票。

投资者是人，会像其他人一样根据情绪做出决定，而不是根据冷静、理性的分析采取行动。具有讽刺意味的是，投资者像所有的人一样，最喜欢那些对自己的长期利益最不利的涨势，最不喜欢实际上符合他们长期利益的跌势。

从理论上说，我们都知道，较低的股价最符合我们的长期利益，但我们之中有谁会坦诚地承认在看到股价和市场都在走高时不感到欢欣鼓舞呢？但是，这意味着现在的股价已经太高了，而现在买入股票，未来的收益肯定会更低。要是有一家商店，把最有吸引力的商品用比最近价格便宜一成、两成甚至三成的折扣进行销售，我们当中有谁能够收起钱包离开这家商店？谁也不会这样说：“这些东西在打折时，我不买；我要等到价格回升时再买。”但是，我们的投资行为就是这样，在行情下跌，股价下跌到“大甩卖”的价位时，我们停止买入股票，事实上，我们甚至还恐慌地卖出股票。行情上涨时，我们越来越热衷于买进。就像杰森·茨威格（Jason Zweig）所说的一样：“如果我们买股票像买袜子一样东挑西选，我们就会更富裕。”但是，对于股价上涨我们感到高兴是不对的，对股价下跌我们感到难过也是不对的。行情下跌是逢低买进的必要的第一步。

> 对于股价上涨我们感到高兴是不对的，
> 对股价下跌我们感到难过也是不对的。

这是我们再次思考、研究并理解投资和市场的主要原因：保护自己的投资组合不受我们自己的伤害。就像桑塔亚纳（Santayana）所说的：“不能记住过去的人，注定会重蹈覆辙。”

研究焦虑和恐惧的心理学家通过研究发现，有四种特征使人们在某种情况下感知的风险比实际风险更大：结果的影响范畴大、个人缺乏控制或影响力、不熟悉、事情发生的突然性。结果，我们更担心空中旅行而不太担心汽车旅行。实际上，在正常年度里，美国空中旅行一年死亡的不到 30 人，受伤的不到 350 人，车祸死亡的人数每年达到 3 万，受伤人数超过 35 万。

投资组合的价值突然出现可怕的巨额损失，会让大部分投资者深感焦虑。研究和理解股票市场长期历史的人都知道这是预料之中的正常现象，而投资者并不知道这一点，所以他们会感到不安。

如果对股市的历史非常了解，那么市场的下跌就十分容易预测，这不是说下跌发生的时机容易预测，而是规模和突发性容易预测。可以预见的是，正是在市场表现最恶劣、最令人焦虑的时期，客户和投资经理才会对长期投资判断进行特别的“重新评估”，这使得短期的恐惧压倒理性的长期投资策略。

投资者需要保护自己，以免被不现实的希望和不必要的恐惧所左右。股市暴涨或暴跌，会形成情绪性和强迫性的体验，再加上造成这种涨跌的意见推波助澜，会激发不切实际的希望，以及不必要的恐惧。这种情况可以理解。没有充分理解投资市场本质的投资者容易受到惊吓。

投资经理实际上却淹没在各式各样的信息中，如书面报告、与企业经理人及经济学家和分析师私下会晤以及团体的聚会、接打电话、股票报价、需要立刻处理的市场交易，另外还要考虑其他人的想法和做法。过度注意目前和短期内的事情，结果不但产生古斯塔夫·李邦（Gustave LeBon）在其名著《群众》（*The Crowd*）一书中已经淋漓尽致地探讨过的“群体思维”错误，也使人们无法注意到专家经过仔细研究发现的短期和长期投资性质的重大差异。

你可以通过确保自己充分了解自己的投资组合所面临的投资环境，从而大幅改善长期投资组合的回报率。你应该仔细研究过去数十年来的投资回报率，以及偏离一般状况的类型，尽可能理解市场为什么会这样波动。彻底、客观地研究过去，是了解投资和市场基本性质最好的方法，也是成本最低的方法！

作为投资者，研究投资的历史比研究当前的状况以及未来的可能性收获要大得多，这样你才能够避免掉进桑塔亚纳的陷阱之中，重复别人以前犯过的错误。去当地的图书馆找到你最喜欢的杂志或报纸，阅读一下1973年、1987年、1962年、1928年、1957年和2000年的金融专栏。正如约吉·贝拉（Yogi Berra）所说：“一切都似曾相识。”市场一如既往，总是带给人们惊奇，不变的是被市场变化所震惊的投资管理者或客户。

只有了解投资和资本市场的本质，你才能跳出目前这种悖论，即很少或根本不把精力用在真正重要的工作上，没有规划出明智而适当的策略，然后谨守这种策略。只有制定了这样的策略，你才能在长期中实现务实的投资目标，得到优异的投资回报率。

CHAPTER 13

第13章 投资策略的目的

投资策略以及之前不可或缺的系统探索过程的目的，就是确立真正适合你的实际目标以及投资和市场状况的投资方针。这是投资的内在和外在领域，投资策略必须能够适应这两个领域。此外，好的投资策略在长期中以及在众多的短期中都是“正确的”。即使在最难熬的时期，客户和经理人也必须坚持这一投资策略。

一系列投资策略的价值在于其中包含的理解程度。首先是你的目标和对风险的忍受程度。在机构投资管理中，这两点应该由客户负责规划，经理人则负有理解的责任。个人投资者至少应该负责澄清自己的目标，最好是明确写出来，然后寻找真正能够实现目标的共同基金。其次是理解投资和市场外在因素，并对投资者进行充分的解释，是投资专家的责任。

理解投资策略的两个层面，知道如何把两者紧密结合起来，是值得深入研究的问题。投资策略是你的长期投资目标与投资经理日常工作之间的纽带。如果你和投资经理没有经过认真沟通后再制定投资策略，就会采用千篇一律的策略。如果了解了整体情况的真实性，你们就可以理解你们共同管理的投资组合的每一个数据和每一个事件真正的含义。

> 投资策略是你的长期投资目标与投资经理日常工作之间的纽带。

投资策略的用处有多大，要看投资目标表述得有多明确、多严格，也要看为了实现目标所制定的策略表达得有多明确、多严格，以及对策略的坚持程度。

从现代投资组合理论中衍生出的新语言使人们能够很容易说明投资目标和策略，并监控投资组合的操作，以判断是否与双方认可的策略一致。这种语言使真正的投资咨询成为可能，而且应该使每一位投资经理都能够实现卓越的绩效——不是像英雄一样“击败市场”，而是忠实、明智地执行务实的投资策略，实现每一位客户的目标。

你和你的投资经理现在可以针对下述重要的策略维度客观地达成一致：

1. 愿意承受的市场风险水平。
2. 这一风险水平是长久维持，还是可以随着市场变化而变动。
3. 是否承受或规避个股风险或类股风险，承受这种风险时，投资组合预期的投资回报率能够提高多少。

如果你想选择一位刻意要建立与市场不同的投资组合的投资经理，那么你必须花时间弄清楚他要用什么方法使他的投资组合与大盘不同（是大量投资于少数几种股票，还是偏爱某一特定类股，或是在他认为股价高估时，大量投资于现金资产），也要了解他什么时候要这样做（是作为长期策略的一部分持续实施，还是作为短期战术偶尔为之）。最重要的是，要知道他为什么这么有信心，认为可以通过这些行动，获得比较有利的成果。

针对市场风险制定明确的策略在概念上很简单，就投资组合与完全分散的市场基金之间的差别达成一致在理论上很有吸引力，但说起来容易做起来难。因为投资是一种采样过程，我们将在第 14 章中更清楚地说明这一点，绩效只能用概率术语进行评估，换句话说，某位投资经理可能实现接近市场水平的风险和回报率，却永远无法保证一定可以达到这种水平。我们现在有很好的工具可以评估投资组合，却没有精确的仪器来完成这一工作。其中会有所谓的采样错误，因为公司和股票的投资特性会变化（尽管我们努力估算并调整这些变化，但在投资经理和客户进行分析的数据中，也会出现“杂音”）。

为什么要制定良好的投资策略？有两个重要的原因：第一个原因是，很多人认为要有一个标准，以便监测专业投资经理。第二个原因似乎同样重要，实际上却更重要，就是要决定你自己真正的长期投资目标是什么。

我们已经知道，能够将不同投资组合的适当投资目标区分开来的最重要的单一因素是时间，说得更明确一点，就是投资组合坚持采用一种长期投资策略的时间，以及我们据以耐心地对照投资结果与投资目标和策略的时间。

在一个充分分散的投资组合中，不应该另外考虑流动性，除非所投资的证券正好与这个投资组合的时间框架相匹配，否则即使是最大的机构性股票投资组合，都可以轻易、有效地在几个月内卖出变现。但是，如果投资组合只有一年的时间，那根本就不应该投资在股票上，应该投资于货币市场工具，以免市场行情无法预期的变化侵蚀你的本金。经过深思熟虑而设计出的投资策略正常运作时，总是自然而然地具有充足的流动性。

维持所谓的流动性准备金（liquidity reserve）是一种令人迷惑的做法。家庭、公司和大学自然希望拥有足够的现金储备，以便把其长期投资组合与日常支出预算分离开来，但一个投资组合中的现金头寸应该最小化，最好是没有。一般退休基金的一个基本事实就是大约在 30 年以上的时间里，每一年都会有来自参与者的正现金流，因此根本不需要流动性准备金。最令人关心的是，401(k) 计划的很多年轻投资者虽然离退休还有几十年，投资组合中却保留了很多现金。

本书探讨投资策略时，不涵盖收入需求，因为投资组合的投资回报率不可能只是因为你想要有多一点儿钱就能够提高。根据投资者每年的支出决定投资组合的投资目标是很奇怪的事情。有时候，这种想法会出现在退休基金中，并且列出精算过的投资回报率，以此作为投资方针。有时候，这种想法会出现在大学校长身上，他们会坚持要求从捐赠基金中得到较高的收益，以便弥补校务运作上的赤字。有时候，个人基金的所有人会要求基金提供收益，以便过比较奢侈的生活。不管是哪一种情形，这样做都没有道理。支出决策不但不应该影响投资决策，而应该正好相反，支出决策大部分应该受投资结果影响，投资结果则是遵守投资策略的成果。

投资策略应该与投资运作分开，因为这是两种不同的责任。然而一般说来，人们都将投资策略和投资组合的运作管理这两种责任“授权”给专业投资经理。投资策略是界定问题，投资组合的运作是解决问题，将两者混为一谈，并且授权给投资经理，并不是妥当的做法。

长期投资策略的确定应该明确地和投资组合管理的运作责任分开，只有这样，投资管理这两个不同层面的权责才能确立。

投资组合操作显然是投资经理的责任，但是，制定投资策略是你的事情。两件事当然不会各自孤立，互不相干。客观地评估操作绩效时，会以特定的策略意向作为基础，以便确保操作符合投资策略。投资策略也要根据投资组合的长期投资回报率进行客观的评估，以便确保策略的务实性。

如果你经过深思熟虑，确立了投资策略，你就拥有了一个重要的优势，你可以根据投资经理对长期投资策略的坚持程度来对他们进行评估。投资策略（这是你的责任）和投资组合操作（这是投资经理的责任）分离开来，是管理经理人最基本的第一步。如果你规定投资经理全心全意放在“如何”上面，而你自己专注“什么”，就可以防止他们偏重目前市场状况的天性，不致破坏你的长期投资组合策略，投资经理和作为投资者的你相比，时间框架通常要短得多，你应该了解这一点，并且优先坚持你的时间框架。

考虑了市场结构、时间框架和风险偏好并确立了务实的投资目标后，你就应该制定投资策略，以便在追求这些明确的目标时遵循。

我们应该与这些明确的投资策略——而且只能与这些投资策略——进行对照，以衡量和评估投资者与专业投资经理的操作绩效。

例如，评估成长股投资组合的操作绩效（或评估公用事业股、外国股票或高收益股票的操作绩效）时，用整个市场的平均值进行比较就不公平，而且会造成误导，因为这样做是把应该分开分析的策略与操作混为一谈。换句话说，评断成长股投资组合的投资绩效时，应该和成长股指数或成长股投资组合进行比较。同样，要评估公用事业股投资绩效，只能用公用事业股的投资机会来评断，就像评估日本股票投资组合的投资绩效时，应该只能拿日本市场来比较，不能与英国或美国的市场相比一样。

评断成长股的投资策略时（评断公用事业股或日本股票也一样），应该用成长股投资组合的优异表现（或公用事业股或日本股票的优异绩效）和其他类别的股票以及整个大盘相比，比较期间必须相当长。

我们经常发现，在整个市场中，“成长股”专家或“小型股”专家精通的股票受欢迎或失宠时，这些专家会备受推崇，或是备受嘲笑，两种情形都一样不公平。在某些情况下，投资经理被人评断为绩效“优异”时，实际的绩效却并不好，因为如果他更小心地遵循有效的投资策略，应该会得到更高的投资回报率。有一句古老的谚语说得好：“别把头脑跟多头市场混为一谈。”

就像操作绩效可以用投资策略来评估一样，投资策略也可以用绩效来评估。如果投资经理没有实现期望的投资成果，我们应该继续聘用这位投资经理并改变投资策略吗？原因可能是目标太高，也可能是投资策略有太多的限制，从而妨碍了投资经理追求目标。关键在于，如果我们深入思考这种经验的真正意义，我们可以从中学到很多东西。

你可能必须经常对自己的需要、目标、市场经验和投资策略进行系统的分析，每隔两三年分析一次可能最适当。评估投资策略时，分析实际成果可能小有用处，但是，与彻底分析投资策略有关的信息，大部分都不会来自特定的投资组合，而是来自针对投资市场的主要部分进行更加完整的期间很长的分析。

“别把头脑和多头市场混为一谈。”

在投资领域中，我们已经拥有一些确定特定投资组合在市场上的定位的技术，就像全球定位系统出现后，导航装置可以确定世界上任何一点的位置，误差不超过1米。因此，投资者有一个“预警空间”，可以预防市场的不确定因素，坚持长期承诺，得到长期利益。

如果发现投资策略不适当，应该进行改变，制定出明确的新策略。如果专业投资组合经理的操作绩效与投资策略不一致，应该更换经理人，即使投资经理获得了更高的收益，但是偏离了已经制定的投资策略，也应该换人（当然，能力不足的投资经理也应该更换，但是要做这种决定容易多了）。

以下是分析投资策略时的几个要点：

1. 投资策略是否经过精心设计，符合你真正的需要和目标？
2. 投资策略是否极为清楚、明确地写出来，只要能力足够，连陌生人都能遵循你的意愿，管理这个投资组合？
3. 在经历过资本市场最混乱的50年后——其间传统智慧遇

到了最严峻的挑战——你还能坚持这些投资策略吗？

4. 在每天都要面对强大压力的情况下，投资者或专业投资经理是否能够始终坚持这种投资策略？

5. 忠实执行投资策略后，是否能够实现你的目标？

健全的投资策略应该符合上述所有分析，你的投资策略也是这样吗？

CHAPTER 14

第14章 绩效度量

如果能够理解下述概念，你就可以理解你真正需要知道的投资绩效统计的所有最重要特性。

如果有很多人参与掷硬币竞赛，你可以非常有信心地预测两种结果：

1. 在很多次投币之后，大部分掷硬币者都会得到大约一半正面、一半反面的结果。
2. 然而，在中短期内，有些掷硬币者掷出正面的几率会高于平均值，但只有极少数人掷出正面的几率远高于平均值。

检查这些记录，我们会发现每个人掷硬币的数据是“清楚而客观”的。但我们很清楚，对于掷硬币来说，过去的结果并不能成为预测未来结果的良好依据，每个人掷硬币的情形迟早会变得越来越平均。统计学家将这种强大却常见的现象称为向均数回归(regression to the mean)。理解造成向均数回归的决定力量是理解很多投资绩效的关键。

绩效度量（perfromance measurement）在最需要时最没有用，而在最不需要时则可能最有用①。本章要解释为何如此。

专业投资经理在偏离市场型基金方面得到的自由裁量权越来越多，承受的风险，如市场风险、类股风险和个股风险等也越来越多，要判定在任何一段特定期间内一个投资组合的投资绩效中有多少是来自技巧、多少来自运气，变得越来越困难。

在判断投资经理做得有多好以及是否应该换一位经理时，可以利用的、及时的绩效数据样本过小，时间期限也太短，不足以为我们提供足够的信息以制定准确的决策。期间比较长的绩效数据准确性较高，但不够及时，除非这些绩效数据是极好或极差，否则无法与确定投资经理绩效好坏的实时决策联系起来。

至少在短期内，投资的绩效度量并不能反映实际情况。绩效度量公司报告的不是“成果”，而是统计值。在一个确定的时期内，在常见的两位小数形式的报告中，投资回报似乎是最精确的：“截至 6 月 30 日的 12 个月中，投资经理 A 的投资回报率为 27.53%。”这一表面上的准确性使得这些绩效数字得到了不应有的合法性，因为它们实际上只是投资回报的抽样调查。

通过利用如此精确的方式描述最近的短期回报，绩效度量改变了我们的思考方式：它使我们相信短期是有意义的，而且在长期中也会获得类似的成绩。人们有一种强烈的倾向，就是考虑衡量某种现象时采用的时间间隔，并优先考虑这种度量间隔，而把实际应该采用的时间框架放在次要位置。但是，我们都知道，短期思维是在长期中获得投资成功的致命敌人。

这些统计值是从最不寻常的持续程序中逐期随机取样得到的

① 巴尔·罗森伯格（Barr Rosenberg）教授估计，大约需要 70 年的观察才能最终显示，即使是 200 个基点的年收益增长都是来自高超的投资管理技能，而不是来自机会。

样本，也就是在庞大、蓬勃发展、不断变化又经常扰攘纷纷、竞争激烈的资本市场中，从复杂且变化不断的证券投资组合的管理过程中采样。投资组合中的股票和债券经常变化，企业及其经营的业务总是在变化，最可能影响证券价格的因素如恐惧、贪心、通货膨胀、政治、经济新闻、企业获利、投资者的期望等也总在变化。

只要投资组合没有变现，这种多维度的变革力量就会持续发生作用，从而改变投资组合的价值。除非这个过程停下来，投资组合最终出清变现，否则不会有真正的“结果”。在长期时间序列中常常观察到的现象的核心事实是向均数回归。在近期投资绩效出色的经理人似乎证明自己胜人一筹，但在不久的未来，其绩效却可能低于平均值。当然并非总是如此，但是这种情形太常见了。为什么？从表面上看绩效很优异，但其中的一大部分通常不是经理人凭借其高超的技巧能够持续创造的，而是因为这位经理人把资金投入到回报率高于平均值的市场部门，或是因为他的运气特别好。然而如果趋势改变，这个市场部门的表现会使这位经理人的绩效降低。这是投资经理的成果经常回归平均数的原因之一。另一个原因是：这一行中，精通本行工作的专业经理人很多，要击败这群人很难，因为他们当中有很多是专家，这些专家都非常努力，总是学习如何做得更好，而且这些专家对这一游戏非常精通。

长期绩效数据还具有“生存者”偏差以及“新公司”偏差，原因如下：新投资管理公司通常都是近年表现很优异的人创办的，而且经常是在前任雇主那里取得过优异的成绩。能够持续获得优异成绩的公司，通常能够争取到更多的客户，成绩最差的公司会退出这一行业（任何领域都是一样，就像医生会隐藏自己的错误一样)。因此，今天的一般投资经理的表现会优于25年前或50年前的一般投资经理。而且广告会宣传“记录最好的”经理人，以致投资者最常听到的，都是到目前为止最成功的经理人。

是否要花40年、60年或80年的时间来判定特定投资组合得到的额外投资回报率是来自运气，还是来自技巧，统计学家本身就争论不休。这当然是学术性的辩论，因为几乎没有一位投资经理拥有可以追溯40年或60年的可靠绩效数据。此外，等到有了足够的绩效数据，投资者可以根据结论有信心地采取行动时，最适合行动的时机早已过去。

像市场的平均回报率一样，每位投资经理的实际绩效是从围绕着平均值或年度平均回报率的钟形概率分布中选取的，因此在理解和说明投资目标与绩效度量时，必须从平均投资回报率的均值（即所谓的“基准率”或正常回报率）以及围绕这一均值分布的角度来看。

承认绩效度量是统计意义上的，会使人们正确认识到：对于任何统计数据，每一个数据点都不能理解为一个准确的数字，而只不过是某一准确数字的近似值。

对于使用绩效度量的人而言，重要的问题是分辨融入整体绩效数据中的三种差别很大的因素。第一个因素是“抽样误差”，也就是统计不完全等同于事实的可能性。任何样本都会有不精确或不确定的地方。在投资绩效的数据中，抽样误差是指在某一特定时期内，特定的投资组合是不是一个好的代表性样本。

第二个因素是，在度量期间，市场状况可能有利于或不利于特定投资经理人的投资方式。例如，过去几十年来，小型股的投资者有过非常有利的市场环境，也有过相当不利的市场环境，因此在某些年份里，他们的表现胜过实际能力，而在其他年度，表现却达不到实际上应有的程度。这就是为什么在评估大多数投资经理时，时间长度至少要达到整个市场上涨和下跌的一个完整周期。

第三个因素是投资经理的技巧——或欠缺技巧——这一点是很多客户和经理人最希望度量的部分。但是，此处有一个困难，在很短的期间内，抽样误差对度量结果的影响远远高于经理人投资技巧的影响。

更明确地说，用一位投资经理的绩效，和市场风险水平相同又相当分散的另一个投资组合相比，在大部分期间内，预期投资回报率的差距都在2%之内。这一点根本不足为奇。前面已经指出，想知道表面上优异的成果是因为经理人技巧高超还是完全凭运气，必须度量很多年的投资绩效。等你得到了足够的数据，能够判定经理人到底是真的技术高超还是运气很好时，你们两个当中，很可能至少有一个人已经老死了。我们不可能利用短期甚至是中期绩效度量来管理投资经理，正是这种不可能性使得客户和投资经理建立并坚持明智的长期投资策略成为必要。

有一件事是确定的：你应该要求完全公开投资经理的所有投资组合的绩效，以便能够从投资经理的总体成绩中获得一个好的样本。你不应该试图用自己的投资组合绩效来推断专业投资经理的总体绩效，因为那只不过是一个样本。

对你来说，关键问题是如何解释结果。如果投资经理的绩效低于平均水平，但他向你保证会在下一个期间扭转这种局面，而要求你继续聘用他，你能认可这种保证吗？你是否应该拒绝这种保证，断言投资经理已经“失控”并结束你们之间的关系？

表14.1显示出向均数回归在投资方面的力量，表中把经理人的绩效分为五等份，取排名在中位数的经理人为基准，每一列显

示出他们在某一年的投资绩效，下一列是他们在下一年所得到的平均投资回报率，最后一列显示10年的累积平均投资回报率。只要粗略地看一看各年度的投资绩效，尤其是最后一栏的10年平均绩效，就可以看出过去的绩效不能预测未来的绩效。

表 14.1　以上年回报率为准，次年经理人年度回报率中位数

绩效五分位数	1990	1991	1992	1993	1994	1995	1996	1997	1998	1999	10年平均
第一	40.5	7.2	18.3	-0.2	35.5	23.6	32.2	25.4	34.3	-12.2	19.3
第二	36.8	8.8	15.3	0.1	35.8	24.1	31.4	26.8	21.0	-7.1	18.4
第三	32.9	9.7	13.2	0.2	35.0	22.9	30.5	17.5	20.7	0.3	17.7
第四	32.2	9.7	11.0	1.0	36.4	22.8	30.0	18.8	8.2	5.9	17.0
第五	31.9	10.9	11.2	1.7	32.8	19.8	27.0	16.0	9.2	12.7	16.9

大多数个人投资者都知道来自晨星（Morningstar）的无所不在的共同基金评级，但有多少投资者知道晨星从“一星”到“五星”的评级报告只是基金过去3年、5年或10年的绩效，不是针对与特定基金相似的基金，而是针对所有基金进行的评级——它没有考虑在投资策略和授权类型方面的巨大差别。严肃的投资者都知道，过去的绩效不能始终如一地预测未来。用通俗的话来说就是：最被广泛接受的评级对于制定投资决策是很危险的。

晨星坦白地承认，其星级评定不能作为近期预测的依据，但是所有新投资于共同基金的资金都进入了“五星”和“四星”基金中（我们都看到过无数的广告在吹嘘评级高的基金）。

晨星在无意之中错误地引导了投资者。在每年的评级公布后，“五星”基金——变更率高达25%——的收益一般来说会比综合市场指数低一半以上。20世纪90年代，增长型股票基金明显超过了大盘，但1996年——“增长”型股票基金优秀的成绩刚刚开始显现出来——晨星对它们的评级是“低于平均”的2.8星（到2000年，当购买“增长型股票基金”已为时过晚时，它们的评级才上升到四星以上）。20世纪80年代名列第一五分位的基金（当时它们的绩效比市场高2.8%）在20世纪90年代的收益每年比市场低1.7%。

要想确定投资组合经理的“超级”成绩来自技能还是运气，要花很多年的时间进行度量。

仔细看看表14.1中的数据。你很快就会明白，从表中根本看不出什么名堂，根本就没有规律可循。就像福尔摩斯故事里那只不叫的狗一样，没有规律就是规律。正如格特鲁德·斯泰因（Gertrude Stein）在排除访问某一城市的可能性时所说的：“那里没有东西。”

过去的绩效不能作为预测未来绩效的基础，这一点可以从表14.2中看出，该表是对排在前20名的基金在最近牛市中的表现与下一年熊市中的表现进行对比的结果。

表14.2　在连续的牛市与熊市中基金绩效的对比

在牛市中的排名*	在熊市中的排名*
1	3784
2	277
3	3892
4	3527
5	3867
6	2294

续 表

在牛市中的排名 *	在熊市中的排名 *
7	3802
8	3815
9	3868
10	3453
11	3881
12	3603
13	3785
14	3891
15	1206
16	2951
17	2770
18	3871
19	3522
20	3566

* 对3896只共同基金的绩效进行排序，期间为12个月，截止日期分别为2000年3月30日和2001年3月30日。

“现在你看到了，什么也看不见”，这一问题是牛津纳菲尔德学院（Nuffield College）的投资管理者利特尔（Ian M. D. Little）首先在其有趣的短文《混乱与增长》(*Higgledy*, *Piggledy*, *Growth*)中提出来的。

在目前的股票和债券市场上，大部分交易都是由专业人士进行，在统计学家眼里，这种情况正是公开、公平的定价机制（对业余人士而言，这种情况可能非常不好，但在统计上仍然是公平的)。激烈竞争的结果，就是任何一个机构都很难在竞争中领先，要想保持领先地位就更难了。

因此，在很长的期间内，大多数专业投资者获得的平均投资回报率，应该接近标准普尔500指数之类的市场指数，再减掉每年至少1%的顾问费、交易手续费和托管费等操作成本。专业人士的绩效应该落后于大盘（第1章已经解释过），而且对投资绩效的研究始终显示，情况确实如此。由专业人士管理的基金投资回报率大致等于大盘的回报率减掉参与市场的成本后的数值。怎么能不同呢？专家就是市场。

在过去50年中，与标普500指数相比，共同基金损失了180个基本点——按复利计算，每年计算一次[1]。作为激烈竞争的结果，对于任何投资机构来说，要想在竞争中取得并保持领先是非常困难的。这就是为什么在长期中大多数机构的绩效非常接近（但低于）市场平均值的原因。共同基金与总体市场在过去30年中的绩效对比见表14.3。

表14.3　共同基金与市场长期绩效对比

基金的比例（%）	与大盘绩效的对比
16	2%或更差
57	0%～-2%
26	0%～2%
2	2%或更高

事实很明显：将近3/4的共同基金（16%加上57%）达到了或低于市场的表现，只有2%的基金在整个期间中超过大盘2%（这是税前的收益）。这一记录对那些信任进行积极管理的基金的投资者不是一个鼓舞人心的消息。

更令共同基金投资者感到惊慌的是，一般共同基金投资者获得的收益显著低于共同基金的平均收益[2]。1984～1995年，投资

① John C. Bogle, "The Clash of Cultures in Investing: Complexity vs. Simplicity." Speech given for Money Show, Orlando, Florida, February 3, 1999.

② Gary Belsky and Thomas Gilovich, *Why Smart People Make Big Money Mistakes* (New York, Simon & Schuster), p. 178.

者每年少挣 6%，几乎是股票型共同基金平均收益（12.3%）的一半。就连债券型基金投资者的收益（8%）也低于其基金的平均收益（9%）。1999 年的一项研究发现，1984～1998 年的 15 年间，标普 500 指数平均每年的收益率为 17.9%，而投资于股票型基金的一般投资者每年的收益率只有 7%。原因就是频繁交易或改变投资组合。许多投资者不是坚持其投资策略，而是试图进行波段操作，持有不到 3 年的时间就会将一种基金卖出并购买另外一些基金或股票。

如果再考虑到经常变动投资组合——每年达到百分之百或更高——而产生的收入税，共同基金的绩效会更差：通常要再减掉 3%。

现在，如果只有 2% 的共同基金显著“超过大盘”，并且你同意在 100 只基金中选出最好的 2 只非常困难这一观点，那么你肯定会同意指数基金是一个很好的选择，因为它的投资组合变化率更低，因而收入税也更低。

度量的期间越长，跑赢大盘的概率就越低（参见表 14.4）（Lipper 公司的一项独立研究显示，幸存下来的共同基金中只有 13.23% 的基金跑赢了标普 500 指数。请注意“幸存”这个词。就连共同基金也会“把它们的错误埋藏起来”）。

表 14.4　极长期中共同基金与市场的绩效对比

时　期	基金胜过市场的比例（%）
1 年	35
10 年	25
25 年	10
50 年	5

投资经理和客户面临的一个重大问题，就是同类的投资经理

用同样的投资策略管理投资组合时，会产生相当不一致的绩效。按理说，他们的成果应该相同，但是其中却有很大的差别。投资经理绩效的差别显然是品质管理上的一个重大问题。

信息是具有目的的数据，因为只有在建立一个明确有效的标准后，绩效度量才有价值。而且，对投资组合的绩效进行定期度量的目的，必须是判定目前的操作是否忠实于长期投资策略。

不能用绩效度量来评估结果，这样做没有用处。“这一季度的投资回报率是多少?”这种问题只有近似的答案，除非在如此短的期间内绩效非常好或非常差，否则这种近似值没有价值。然而，从绩效度量中可以得到与投资过程有关的有用信息。如果投资组合没有按双方认可的策略进行操作，投资经理也没有完成自己的任务，那么，与忠实遵守投资策略的预期成果相比，目前的投资绩效是高（你很幸运）还是低（太不幸了）并不重要。不管是哪一种情形，透露出的真正重要的信息是投资组合和投资经理已经失去了一致性，而且可能失控。这种缺乏控制的情形早晚会以亏损的形式表现出来，变成无法控制和无法挽回的损失。

绩效度量还存在着其他实际的问题，特别是在用它评估一个投资组合是否“合乎投资策略”时。

第一，评估个股和类股风险时，是根据最便于得到的数据，也就是根据股票过去的行为，评估未来可能出现的价格走势。估计未来的走势时，尽管过去的行为模式常常是能够获得的最佳指南，但未来一定和过去大不相同。

第二，“市场”和特定个股或投资组合的关系并非固定不变。关系会变化不定，因此估计个股或类股目前或未来的“相对”行为时，过去并不是完美而可靠的依据。

第三，长期而言，如果是传统产业中的大公司，这种关系的

“变化”会更小，如果是小公司或不很成功的公司，尤其是快速变化产业中的公司，这种关系的变化会比较大。

第四，即使用最严格的统计方式来说明个股或类股，仍然它们自身的估计，而且是用统计概率进行的描述，这暗示着实际结果会围绕预期平均值分布。

第五，只有一两个决定——可能是精明的决定，或者是幸运的决定，或者两者兼有——会对投资组合的绩效产生重大影响[①]。专业投资经理会承认：某一个投资组合绩效远超过另一个投资组合，是因为他们在执行大量投资于某一产业群的战略决策时，一个投资组合中的股票表现优异，而另一个投资组合中的股票表现不佳。

第六个问题最重要，这个问题就是“期末挂帅”（end period dominance）。在投资者或专业投资经理的绩效报告中，最重要的因素不是他们的技巧，而是选择绩效度量的起止日，情形几乎总是如此。在投资绩效图表中，很多让人心动的“惊人”绩效，如果扣掉评估期间开始或结束的一年，就会变得相当平凡。

越来越多的投资者（以及所有的职业投资经理）对传统的投资绩效度量方式感到不满。传统的度量方式是把自己的投资组合和一组规模类似的其他投资组合放在一起，比较彼此的投资绩效，而不管这些投资组合的长期投资策略是否相同。最有效且最有益地利用投资绩效数据的方式不是确定投资经理的投资组合是好还是坏，而是投资经理能否坚守自己的承诺和预期

① 一个依靠几乎是偶然的决策获得巨大成功的经典实例是对 Digital Equipment 公司的投资（实际上，这一决策得益于对专业人士的尊重——一位 MIT 的教授曾经说过他打算为这家新成立的高科技公司提供财务支持）。由于做出了这一决策，AR&D（American Research and Development，一家风险资本基金）的绩效远超过了市场平均值。如果不是投资于这家公司，该基金在存续的 20 年内，在针对风险或缺乏流动性进行调整之前，其表现就会低于大盘。

要完成的任务。价值型股票基金经理应该创造出高于价值型股票的收益，增长型股票基金经理应该创造出高于增长型股票的收益。要判断一个投资组合的操作绩效，应该只能比较这个投资组合是否坚持了投资策略，以及在这种策略下合理的预期成果，或者通过与同类基金在同一投资目标和预先确定的类似市场风险水平上进行比较。判断哪种绩效应该被度量的关键标准之一是：投资组合经理将投资组合的市场风险控制在由投资策略声明所规定的范围之内了吗？

此外，比较一个投资组合的成果时，应该与具有类似使命的其他投资组合相比，这是比较公平和有意义的做法，如成长股投资组合和成长股投资组合比较、保守的股票投资组合和保守的股票投资组合相比、小型股投资组合和小型股投资组合比较。

同理，比较股票投资组合的绩效时，应该根据可用来投资股票的总资产进行比较，不能只根据投资在股票上的资产，而不包括现金“准备”头寸。债券投资组合也适用相同的原则，应该把现金准备算进去，而不应该扣除（和完全投资的投资组合相比，保留现金准备这一做法对投资绩效有利还是有害，应该可以另外分析）。

有思想的投资专家们在典型的绩效度量中遇到的一个最大的难题是：天真的客户们都欢迎那种本身很差但成绩良好的决策，而成果暂时不佳但本身很好的决策却可能导致客户的流失。高于和低于预期的实际成果同样都偏离了预期的目标（一艘船在目标的西边 10 公里和在目标的东边 10 公里一样，都是偏离了航道）。对投资者来说，较高的投资回报率当然胜过较低的回报率。但是，两种情形都“偏离”了目标，投资者不应该把运气的好坏与经理人的技能混为一谈。

具有类似任务的投资组合才是可比的，
如成长型投资组合互相比较，
小型股投资组合互相比较。

另一个问题是客户选择经理人时的模式，就是在经理人恰好碰到了“合胃口的市场”，客户却认为他们拥有超凡的技能和天赋，其实在市场环境变化后，这些成绩不可能维持。由于这一问题更常见，因而更严重。

例如，一位“成长型”投资组合的经理人的绩效可能超过其他成长型投资组合的经理人，却碰到若干客户解约，原因完全是因为当时价值股的表现特别好，以致他的成绩低于“价值型”投资组合同期的成绩。

绩效度量的最后一个问题是其错误的倾向会刺激不利于长期目标的想法和行为，使你分散注意力，注重短期操作成果，偏离长期策略。度量的过程几乎一定会影响到被度量的现象，就像物理学家海森柏格（Heisenberg）多年前阐释其“测不准原理”（principle of indeterminacy）时的说法一样。

“劣币驱逐良币”的情形很容易出现，投资经理会和投资者一样，沉迷于短期绩效，以致忘了关注较长期的策略目标（就像我们在前面讨论的一样，尽管在报告的形式上看起来很精确，但每个季度的绩效其实无法非常准确地“度量”，因为采用的样本数太小，不能提供有用的信息）。这很容易造成持续调整长期策略以改善短期绩效。短期绩效是手段，长期策略是目的，手段不应该主导目的。

进行绩效度量主要是为了改善投资者和投资经理之间的沟通。绩效度量的目的不是提供答案，而是找出投资者和投资经理应该共同解决的问题，以便就哪些因素有利于或不利于投资绩效的实现达成共识。你应该像孩子们一样，不停地问“为什么”。

投资者和投资经理良好沟通的核心问题是：投资组合是否根据双方认可的策略进行管理，特别是投资经理要搞清楚市场风险策略与投资类型。要对这两种投资策略参数的影响进行定期评估和报告。比较好的共同基金会这样做。

关键概念是：对合理期望的任何意外和无法解释的偏离都是绩效不佳（共同基金的“合理期望”可以用投资目标相同的其他基金的平均绩效来代替）。无法解释的严重偏离就是绩效很差。所有熟悉质量管理统计技术①的人都知道，无论是高于预期还是低于预期的偏离，其实没有差别。的确，投资者认为比较高的投资回报率比较好，长期而言，这样当然好。但是，短期而言，高于预期或低于预期的偏离，显示经理人偏离了任务。偏离绩效通常表示失去控制②——最终很可能带来一些令人不愉快的后果。

“绩效度量”的最后部分显然是定性的。经理人对自己决策的解释是否很有道理？经理人的表现是否符合承诺，是否做出了他“公开宣布”的决定？经理人的行动是否符合他在上次会面时的说法？经理人改变投资组合的结构时，他的解释是否很有道理？身为利益相关者又有头脑的客户，随着你和经理人的讨论越来越多，你对经理人的能力、知识和判断力的信心是否增加了？

① 戴明和朱兰运用统计技术分析计划和意图是否一致、是否符合，协助制造商获得优异的产品质量，因而功成名就。

② 投资者可以想想驾驶时的情况。你从左边偏出道路和从右边偏出道路，失控的程度一样严重，投资绩效也是这样。

投资者对这些“软性”的品质因素应该给予真正的重视，因为事实一再表明，这是真正的问题开始出现的最佳信号，这一信号的出现比问题表现为“硬性”的定量数据早得多。

更重要的是，精明的投资者会与这样的专业投资经理并肩作战：尽管定量绩效指标“令人失望”，尽管投资策略暂时与市场中表现最好的领域有些不合拍，但他们仍然能够坚持最初通过定性分析制定的投资策略。在很多情况下，后来的绩效常常让经理人和客户都大有收获。事实上，客户选择经理人有一个良好的检测标准，就是尽管投资经理十分努力，但由于其特定的投资风格暂时不流行而使其绩效低于整个市场，你还愿意把更多的钱交给他管理吗？如果答案是肯定的，那表明你认识到，当流行的投资风格有利于这位经理人时，他的绩效会超过总体市场。这是向均数回归有利的一面，我们为什么不利用这一点呢？

CHAPTER 15

第15章 投资经理的管理

对现有关系很满意的投资经理和客户很少，这是他们自己的错。客户或经理人都很少用心去设计和培养真正成功的关系。虽然我们很容易指责经理人，说他们在这方面没有采取更主动的做法，但其实客户应该负主要的责任，而且这一点始终都是客户的责任。

有好客户才有好公司，投资经理的客户可以从三个方面着手来帮助投资经理：坚守双方认可的明确目标；坦诚地讨论不满和不确定之处；耐心对待投资经理，在他不快乐和失望时鼓励他，在他觉得自满时警告他。

客户要和投资经理培养出良好的工作关系，原因有很多。第一，就像第1章所讨论的，客户知道（或确实应该知道）自己的投资目标中有哪些不寻常和重要的内容。客户有责任把这种知识融入长期目标和投资策略的形成过程中。

第二，投资经理对日常投资操作的繁冗细节沉迷之至，因此如果没有人协助他们，很难让人相信他们会有时间和兴趣彻底思考每一位客户的特殊情况，为每个人制定出合理的有针对性的投资策略。

第三，在大部分投资关系中，真正需要的是加强对经理人的管理，而不是加强对投资的管理。与投资管理专家相比，企业经理人、基金托管人等具有综合管理经验的人普遍有这种技能。

第四，成功培养出目的明确的关系后，受惠最多的是客户。经理人可能失去客户，但他最大的风险是失去管理费用。作为客户，你最大的风险至少是整个投资组合的健全程度受到危害。

你应该聘用多少位投资经理？如果是投资共同基金，在一家庞大的基金公司里，投资者通常可以找到很多种不同的投资风格或理念。大公司销售的所有基金都是可靠的，会有相同的专业标准、合理的费用和投资者服务。如果你认可它们的长期投资绩效、商业价值以及实践，那么投资于一两家基金公司是可行的①。

如何成为好客户？以下是几点建议。这些建议对于机构投资者很有效，所有的个人投资者也值得认真考虑。

第一，从了解自己的投资目标和真正的承受力开始，你应该分析自己多年来的决策记录，看看自己作为一位客户的表现如何，特别是要在不同的时间框架内考察自己承受不利结果的能力。例如，知道自己有没有能力应对每个季度间的波动是一回事，这种波动通常不大，而且很快会反转；吸收和接受整个熊市的能力是另一回事，尤其是时间很长、跌幅比正常情形严重的熊

① 如果你有疑虑，可以请教公司内主管退休金事宜的经理人或会计师，了解在极长期投资方面，有哪几家机构最受他们肯定，再写信索要其旗下所有基金和机构的说明，仔细研究这些信息，再做出最后的选择。要在决心进行极长期投资的情况下制定决策。

市。例如，你要问问自己，如果你的股票价值损失37%，你会有什么感受？1973～1974年间，标普500指数的跌幅就是这么大，在这两个可怕的年头里，1000美元萎缩成了630美元（非挂牌股票的损失更加严重，超过了75%）。

你不能依赖那些可以看出最后“市场会怎么变化”的市场历史学家不着边际的空想。相反，你应该认真思考，如果遭遇到了一个熊市中最糟糕的时刻，以后市场的走向不明确，而且有可能更糟，你真实的感受是什么，你可能会如何应对。这种坦诚的自我分析会协助你判定自己真正的投资持久力。

在明确了自己忍受痛苦的能力和投资持久力后，你就可以据此确定自己能够承受的市场风险水平。不要承担过多的义务。了解自己的内心状况，不要超出自己的极限。就像笔者的父亲建议的一样：“永远不要冒自己无法承受的风险。”

“永远不要冒自己无法承受的风险。”

第二，学着了解投资市场的外在状况，不要期望投资经理能够取得超过其能力的成绩，如果你坚持要有“击败市场”的绩效，你会找到愿意做出这种承诺的经理人，但是他们能够信守诺言吗？

第三，选择经理人时，要找有能力完成你交付的任务、了解而且接受任务的人，这样你们的合作才会愉快。对于大多数投资者来说，一条说起来容易但很难做到的原则是：如果某位投资经理的成效在一年左右的时间里显著偏离市场，而且大部分人都认为他已经不太在行了，那么永远不要选择这些你不能放心地和他们并肩作战的投资经理。

最后，要经常努力规范自己，坚定信心，信守稳定的长期计划，尝试遵守恺撒的建议："不要为小事烦恼！"

没有合理的理由就变换投资经理与波段操作十分类似。大多数变换投资经理的人都会赔钱。经理人和客户互利的关系之中有些主要特征，要说明这些并不难。

第一，设计这种关系时，应该以长久维持关系为目的。变换经理人代价高昂，对经理人和客户都有害，而且通常是在发生一系列不愉快的误解和错误，导致普遍的不信任之后，才会变换经理人。

就像在任何良好的业务关系中一样，双方的责任和承诺都应该清楚、务实。投资经理的"任务"更应该明确，而且要以书面形式说明，并经过双方认可，任务应该在经理人能力所及的范围内，应该满足你合理的预期。如果不能符合这些标准，客户应该和投资经理一起讨论，直到协商出真正符合上述三点要求的任务声明为止。

第二，在每季度或每半年一次的、旨在促进投资经理与客户间合作的会议中，这种关系通常是会议的重点。每次开会前，客户应该准备会议议程，经理人通常要提供所有相关的文件，双方都要有充足的时间，慎重地做好准备（此处刻意强调相关文件的整理，因为要在会议上讨论琐事，以致忽略了中心议题，是很不明智的）。

投资经理的“任务”应该明确，
以书面形式说明，并经过双方认可。

每次会议开始时，应该慎重评估投资经理的任务，看看目标或策略是否需要修正。这种任务是经过双方认可，要在投资组合中运用的投资策略，是双方期望实现的长期目标。如果客户和经理人都没有提出修正的建议，双方应该明确重申这个任务声明；如果客户或经理人建议修改任务，事前应该准备和分发有关的建议及理由，作为会议的预备文件，以便所有与会者都能够研究和彻底思考提议的改变。这是会议中最重要的部分，当然不能有什么意外。

对特定投资组合操作的讨论，即讨论特定证券的买卖，不应该成为重点，而是应该简单讨论。这种讨论不应该成为会议中“有趣”的部分。客户不应该接受经过渲染的股票操作故事，也不该接受特定个股的简短评估：这些东西很有趣，却只是娱乐而已。相反，会议的这一部分应该直截了当地证实经理人确实理智、忠实地遵循了双方认可的投资策略。操作的讨论就像成功的身体检查一样，应该彻底、迅速，并得出确定的结论：“正如我们期望的，我们在遵循双方认可的投资管理理念和过程的同时，也正在逐步实现你的目标，一切良好。”

讨论操作状况和重申投资经理任务的时间不应该超过 10 分钟，如果占用的时间过长，一定是出了问题：不是任务不明确，就是结果偏离了任务。剩下的会议时间（通常还剩下半小时）最好用来彻底、详细地讨论对客户和经理人都重要的议题。

每年应该至少召开一次由客户主导的、坦诚讨论客户整体财务状况的会议，在会上还要讨论投资组合适用的环境。

同样，对机构投资者来说，投资经理将剩余的会议时间用于讨论组织的专业发展与业务发展是很有意义的——尤其是特别强调投资管理公司的长期业务与专业策略和承诺——还要说明客户对于投资经理所在公司的重要性。对于个人投资者来说，投资经理用书面形式说明他所期望的客户和他所提供的服务是很有意义的。

会议的其他时间也可以用来讨论重大的经济发展、投资组合的重大承诺、经济形势的变化或特定产业的投资吸引力。探讨这些议题的一个重要目的是让客户深入了解投资经理的思考过程。

这种会议应该与其他会议有所区别：不应该走马观花般地介绍投资领域中的各种事项，肤浅地评论经济前景和最近的利率变化，评估投资组合中各产业群权重的微小变化、草草说明债券投资组合中各债券质量评级的变化，以及某些决策的有趣内幕等。

这种讨论只是一种娱乐，很容易退化成为肤浅的对当前形势的“说明”，还没来得及真正深入探讨任何重大决定，全部会议时间就被用完了，以致不能认真探讨对双方关系和投资组合可能有长久重要性的问题。

每次会议应该准备一份大约 3 ~ 5 页的书面摘要，在会议结束后分发，作为未来的参考。由客户和投资经理轮流进行摘要说明或许是个好主意。

不应该在会议上介绍客户投资委员会最新成员的情况。这类简介应该单独进行，或许在主要会议的前一天进行更合适。在预备会议都有良好文字记录的情况下，这种简介可以快速进行，这对每个人都有益。

投资委员会具有三种职能，经验显示，在认真区分三种职能时，它们的执行效果最好。这三种职能分述如下：

1. 为整个基金制定极长期的投资策略，重点关注长期的资产组合、预期的市场、风险等要素，再做出慎重、明确的判断，并以书面形式记录下来，说明在资本市场上，哪些东西"适合"这个基金长期投资。
2. 把整个投资组合的整体投资策略分成特定的任务，交给特定的投资经理负责，以便每位经理人都有经过双方认可的明确标准，都有"正常"的投资组合，知道在不同的市场情况下，双方认可和期望的投资成果是什么。
3. 评估每位投资经理各期的绩效，判定每位经理人完成特定任务的效率。

决策会议的议程应该与上述三种职能相对应：

1. 资产配置是否"适合"这个基金，同时适于极长期的投资？（换句话说，近期是否有迫切的理由，必须改变先前"恰当的"长期投资策略，改用新的"恰当的"长期投资策略？）

   由于退休金计划、捐赠基金的需要甚至个人投资者的状况或资本市场本质通常都是逐渐发生变化的，因此改变投资策略的情形很少出现。投资策略每年可以进行一次仔细的评估，但只要投资者的需求出现重大变化，就应该进行认真的评估。

2. 在对整体投资策略进行了健全和长期的调整后，交付给特定经理人的任务难道不该改变？再强调一次，改变是不受欢迎的，因此不能经常进行。
3. 以双方认可的标准为基础对投资经理的绩效进行比较后，或客户对每位经理人执行任务能力的评估有了变化后，是否需要更换经理人？

如果作为客户的你彻底而严格地思考过所有相关问题，你就不大可能变换投资经理。而且经验显示：最好的决定是“违反直觉”的决定，也就是增拨资金给最近“绩效较低”的经理人，因为经理人是精心挑选出来的，如果投资绩效比较低，很可能只是因为他的投资风格暂时不流行，等到市场状况对他的风格比较有利时，他可能会有过人的表现。

规划好的健全投资策略付诸实施后，
要改变应该非常谨慎，不能经常改变。

如果采用上述三种方法，你的决策应该符合这三种层次，但次序正好相反。

- 应该换掉某位经理人吗？正常的预期应该是“不换”。如果将任何经理人列在“需要评估”的名单内，应该进行正反两方面的严格评估。如果客户放弃本应保留的投资经理而转向那些已经过了黄金时期的投资经理，那么进行这些变换的成本非常高。

首先，永远不要因为投资经理在一两年甚至三年的时间内绩效低于整个市场而换掉他。从经验中可以知道，在售票处或银行出纳员窗口处从一个队列转到另一个队列并不会带来排队时间上的缩短。变换投资经理更不会提高你的收益。最近绩效很好的投资经理很有可能在未来不能达到这种绩效水平。也许最近的环境适合这位投资经理，但在不久的将来环境很可能不令他满意。

聪明的投资者会非常认真地选择投资经理并且不会轻易改变，非常聪明、老练的投资者则更进了一步：在选出一小批长期“决赛选手”后，他们从中选择了最近由于市场环境不利而绩效较差的那位投资经理，并由于向均数回归效应而在随后的市场环境有利时获得了额外的收益。

请注意，“不好的绩效”是指任何对预期的偏离，不管是高于预期还是低于预期。如果没有发现这一问题，那么讨论应该集中在……

- 分配给某位经理人的金额是否应该改变？（例如，从投资风格与投资环境相符合的经理人手中拿出一些资产，交给投资环境与个人投资风格不相符的经理人。）如果提议采取这种行动（这种行动越少越好），则需要提供正反两方面的例子。如果没有提出这种建议，讨论应该集中在……
- 资产组合的长期策略是否应该改变？如果不需要改变，那么“暂时性”的大幅度偏离是否合适？如果不适宜，客户的工作就结束了，正式的会议也结束了。

在这种模式下，决定是以“例外”为基础，采取行动的决定应该很少，因为你已经认真地“做了家庭作业”，在长期投资策略、各个经理人的特定任务和有关特定经理人的事项上，都已经有了决定（因此这些事项即使有改变，改变也很少）。

行动决策会议的理想长度是多少？如果不需要采取行动，会议时间大约 5 分钟就够了。每一位有经验的流水线管理者都知道，工厂运转顺畅的指标之一是“没有发生让人感兴趣的事情”，因为任何让人“感兴趣”的事情都是问题，运转顺畅的工厂不会有问题，不需要修正。

投资者可以为成功的客户—投资经理关系所做出的最重要的贡献，就是从一开始就选择适当的经理人。当然，选择适当经理人的第一步，就是知道你期望选定的经理人将要完成哪些投资任务。

选择经理人时，应该评估下述三大重点：专业投资能力、为客户服务的热诚和业务策略的健全度。三大重点中，专业投资能力得到了应有的重视。

候选的投资管理公司应该有明确的理念，知道管理客户的投资组合时，如何为客户增加价值，这种理念可以将经理人对机会或问题的认知作为基础，也就是看出市场上有哪些有利的机会可以为这家公司提高投资组合的回报率。

除了具有增加价值的适当理念之外，投资经理还应该制定出合理的决策程序，以便执行这种理念，而且应该拥有可靠的成果记录，证明他执行理念的程序能够达成所希望的结果。

把投资经理对你的问题的回答记录下来。答案可能很短，但是必须保存下来，以便在未来出现类似情况时进行对比。这种简单的技巧，苏格兰的信托经理已经使用了很多年，甚至可能使用了好几百年，日本人对此也深信不疑。

如果你决定终止同一位投资经理的合作，那么帮自己一个忙，明确认识到失败不是由投资经理造成的，而是由你自己造成的。不要马上去找一位新的投资经理，至少要在花时间和精力学会如何选择一位投资经理并与其合作后再采取行动。很可能出现的问题是：你没有严格地为聘用的投资经理制定明确的任务，在确定投资经理能否成功完成任务方面没有付出应有的努力，或者没有就你所有的期望与投资经理进行沟通（如果你能做到这些，那么你就是一位非常与众不同的客户了）。

由于你选择了一个“简单的方法”——投资指数基金——作为开始，你必须确保自己寻找并向某位积极的投资经理支付薪酬的决定是正确的。

选择超级投资经理非常困难。多年来，投资咨询公司一直致力于这一工作——它们拥有大量的调研人员，熟读了所有投资经理的记录，向他们提出了各种问题——但通常都不会成功。在他们付出了所有的关注与努力后，他们选择的投资经理一般来说都无法超越市场的平均水平。

如果你决定选择积极的投资经理，那么你要确保自己认识到了将要遇到的挑战以及那些你必须做出正确决策的难题：

- 哪些投资经理能够在未来很多年后超越市场？
- 你能在今天发现未来最有天赋的少数投资经理吗？
- 你会在恰当的时间制定正确的决策并采取行动吗？
- 如果你选择了一位超级投资经理，那么这位投资经理是能够长久保持其超级水平，还是会由于他管理的资产增加得过多、投资经理所在的组织变化过大，或者由于投资经理的“生活状况”有了很大变化，从而使他不再能够创造优异的结果？

- 如果投资经理的绩效“令人失望”，你能否判断这只是暂时的还是未来一系列失望的开端？

无论多么不情愿，如果你决定终止同这位投资经理的关系，那你就不得不再一次迎接挑战并面临同样的难题。

变换投资经理不仅难以成功，而且成本高昂。在从一位经理转到另一位经理时，你可能将资产的 4% 浪费在支付交易成本和市场冲击成本（market impact cost）上。还存在着另一种成本：如果你认为变换投资经理是正常生活的一部分，那么在选择投资经理以及在和他并肩作战时你会漫不经心。在那种情况下，你会成为“问题的一部分，而不是解决方案的一部分”，你会需要不断地变换那些并非在认真选择后聘用的投资经理。这是一个自我毁灭循环，别陷入这个循环中。

近几年，大客户间日渐流行利用多位经理人的理念，原因如下：

1. 作为客户，你可以在想投资的各个不同领域中选择具有专门技能的经理人。
2. 客户可以分散一位经理人的投资理念和大盘不符的风险（这种情况一定会发生）。
3. 表现不佳的经理人如果只管理客户的一部分资金，要中止雇用则容易得多。

问题在于，随着经理人数的增加，聘用多位投资经理正面的理由会逐渐消失。要在特殊的专业领域中挑选一两位超级经理人，或许没有问题，要找三位、五位、七位，却越来越难，根本就没有那么多真正的超级经理人可找。

增加一位经理人，分散程度的确会提高，但当分别管理的投资组合合并在一起，成为一个基金，并进行分解时，就可以清楚地看出，额外增加一位经理人，所能提高的分散程度越来越少，操作成本和费用却越来越高，并且越来越接近指数型基金的投资特性。

由于你随时可以用很低的成本购买指数型基金，利用不同的经理人并不能降低风险，因为你可以利用更广泛的指数型基金轻易、廉价地达到这个目的。

在理性的情况下，如果你准备付出较高的费用，利用多位经理人，目的一定是希望他们找到能够发掘和利用那些由于其他经理人的错误定价而偶然出现但收益巨大的机会，以提高回报率。

实际上，这种重大的机会十分罕见，因此客户很可能迫使经理人将所有的赌注都下在他认为最有吸引力的极少数决定中。如果客户没有采取强制手段，拥有多位投资经理的客户几乎必然要为过度的分散化付出过高的代价。因此，个人投资者如果不希望把所有资产都投入指数型基金中，或许把剩下的资产交给只持有相对少量股票的活跃的基金经理去管理会更好。

如果账户金额对整个基金和投资管理公司来说相对很少，那么与投资经理解约就相对容易，对双方的伤害都比较少，这种说法当然是对的，但是这样做可能有害。客户知道自己可以和经理人解约，理所当然，他们在选择和监督投资经理时就不会太认真。或者如果经历一段“绩效”不佳的时期后客户可以和经理人解约，经理人可能会变得过度谨慎，不敢坚持自己的最佳投资判断。不管是对是错，大部分投资经理认为他们的投资绩效和大盘差距很大时，以及他们的投资组合与传统的投资组合相去甚远时，他们最需要客户的包容，但这时客户却最不包容。

因此，除非投资经理有明确规定的投资目标和策略作为指导，否则他们可能受到引诱，采取一些看来不是尽量替客户扩大投资成果，而是尽量保住客户的行动。这可能而且确实使大多数投资组合陷入庸庸碌碌的泥沼中，变成费用高昂却不完美的指数型投资组合①。

如果决定利用积极的投资经理，好的客户会坚持要求经理人遵守纪律，遵循双方认可的投资策略。换句话说，不论经理人在失控时创造的绩效超越大盘或不如大盘，客户会以同样正当、合理的原因与其解约。如果经理人不能实现规定的投资绩效，或不能信守先前的承诺，你还继续和他来往，就是投机，投机最终一定会受到“惩罚”。

但是，和信守承诺又能干的经理人继续合作，尤其是在他与当时的市场环境不协调时仍然与他合作，显示出投资者在投资方面拥有真正的“客户风范”，最后一定会得到优异的回报②。以你确定的目标作为开始，并坚持下去。

---

① 的确如此，典型的大型股票共同基金的投资回报中，大约有 85% 可以用标准普尔 500 指数的波动来解释。

② 我自己的经验让我知道了这一点。20 世纪 70 年代中期，我大量增加了对约翰·耐夫管理的双子星基金（Gemini Fund）的投资。我非常了解约翰，知道他对于控制和限制风险非常谨慎。股票市场对于约翰喜欢持有的“价值型”股票一直持消极的看法。传统投资者没有能力仔细区分真正的风险与感知的风险之间的差别，但约翰可以做到这一点。作为二重基金（duo-fund），双子星资本（Gemini's Capital）的份额经历了股票市场价值面数年下降造成的杠杆冲击（leveraged impact），并对其净资产价值以打折的方式进行销售。我计算了在股票价格下跌 20% 后，在没有增收保证金和买入（buy in）的情况下，经纪人的收入仍然很丰厚。随着股票市场的回升，作为我的投资经理，约翰·耐夫使我获得了“六重”收益：市场复苏的收益、“价值型”股票的良好收益、双子星资本份额从“折价”到“溢价”的收益、二重基金的杠杆效应、高毛利的杠杆效应。尽管存在很多显而易见的杠杆风险，但我充满自信——而且感到很安全——因为我知道约翰既是一位严格的风险回避者，也是一位老到的理性投资者。随后 20 年的回报非常高，而且风险极低，这要感谢耐夫杰出的操作。

在扣除风险之后，能够在超长期中创造高绩效的经理人很少，这就是投资者会发现自己很难找到能够持续创造优异成绩的经理人的原因。这一数据非常无情，就像1913年法国圣西尔军校毕业班照片上的人注定要参加第一次世界大战一样。在过去的50年中，与标普500指数相比，按复利计算，共同基金在总体上每年要损失180个基本点，回报率为11.8%，而基准指数为13.6%[①]。在过去的10年中，标普500指数的回报比89%的美国共同基金的回报都要高。据报道，共同基金的绩效平均低340个基本点[②]。这就是为什么投资者要想找到能够持续创造优秀结果的投资经理是一件难上加难的事情，也是那些希望找到“最佳”投资经理的人常常感到失望的原因。就像装上蜡制翅膀、想飞向太阳的伊卡鲁斯一样，过度追求可能会造成严重伤害。共同基金投资者得到的长期投资回报比一般共同基金低1/3，原因就是在各种共同基金之间换来换去。这种麻烦是自找的，是由于不了解或不能了解忠诚的重要性造成的。

尽管大多数投资者认为投资机构提供什么样的服务，他们就要接受什么样的服务——以一种传统的混合形式——但服务可以分解为几个层次。每位投资者都需要做出五个层次的决策：

层次一：资产组合（asset mix）——为了使投资者的投资组合“在策略上正常”（policy normal）而采用的股票、债券和个人资产等的最优比例。

① John C. Bogle, “The Clash of Cultures in Investing: Complexity.” Speech given at the Money Show, Florida, February 3, 1999.

② “Strategy: The Global Going Gets Tough.” *The Competitive Edge*, Morgan Stanley Dean Witter, February 8, 1999. The “Professional shortfall” is found in international markets as well.

层次二：股票组合（equity mix）——在各类股票中“在策略上正常”的比例：成长股与价值股、大型股与小型股、国内股与国外股。在每个主要资产类别的子类中也要制定相应的决策。

层次三：积极管理与消极管理——执行“在策略上正常”的投资组合的恰当方法。

层次四：特定投资经理的选择（很不幸，大多数投资者和投资委员会在这方面花费了大量时间和精力）——确定由哪些投资公司来管理总体投资组合中的各部分，解雇最令人失望的公司，聘用最有前途的公司。

层次五：积极的投资组合管理——改变投资组合战略，选择证券、执行交易。

成本最低、最有价值的服务出现在层次一：使得长期目标和资产组合保持基本正确——明智的投资咨询人士通常会提供这种帮助。后两个层次——积极地管理投资经理（通过解聘和聘用）和积极地管理投资组合（通过买入和卖出）——是最昂贵和最不能增加价值的。当个人投资者自己决定买卖时，结果可能会特别令人生畏（记住，这些行动造成的税收和操作成本非常高）。

在层次一——设定现实的长期投资目标——每位投资者都能成为赢家。然而，事实越来越清楚地表明，在层次五，在过度积极地追求相对优势的过程中，很少有人能赢。

这是对输家游戏的最大的讽刺：我们常常会被层次五（这是市场先生最喜欢的领域）的兴奋、行动和“成功的机会”搞得眼花缭乱，但其中的成本太高而收益太少。更糟糕的是，对战胜市场新方法的追寻转移了我们在层次一上的注意力，而在层次一上成本很低而收益可能会很高。

不论市场走高还是走低都始终保持一个长期的关注点是很难做到的。在两种情况下，市场的情绪都很亢奋，当前的市场行为迫切要求投资者进行改变，因为在市场高点和低点，明显的"事实"最引人注目。这就是在层次一、层次二和层次三，投资者可以借助优秀的投资咨询获得收益的原因。

负责退休基金和捐赠基金的专业管理者——他们常常得到拥有大量数据和无数勤奋的研究人员、经验丰富的咨询顾问的建议——有这样一些经验：他们聘用的投资经理的绩效往往低于被他们解聘和替换掉的投资经理。当最近的绩效显著低于市场平均值时再花额外的时间和精力去选择你准备和他"并肩作战"的投资经理。

大型投资机构基本上不可能在长期中战胜市场，而且估计哪些投资经理能够战胜市场也是极端困难的。认识到这一点，你也就开始变聪明了。下一步是要确定这场输家的游戏（就算能赢）是否值得玩儿。

最后谈一谈费用的问题。投资管理费用通常是由投资经理确定的，而且通常没有讨价还价的余地。然而，你可以在其他地方去投资。要坚持你自己对投资管理费用的信念。有几点应该考虑。尽管大多数投资经理没有跟上市场绩效的平均值，但费用却在年复一年地增长。传统上，管理费用是根据资产的百分比提取的，只占资产的0.5%或更低。但别急。投资者是应该按资产的比例来支付费用，还是应该按回报的百分比——最好是按扣除风险因素后超过市场回报的百分比——来支付费用？如果你认为合理的费用水平应该是客户所获收益的一部分，那么当你知道大多数投资经理收取的费用——与扣除风险因素后增加的回报相比——超过 100% 时，你一定会感到震惊。这确实值得深思。

CHAPTER 16

第16章 对市场的评估

投资者自然想知道下一年最有可能的投资前景是什么①。长期投资者从自己的经验中知道了经济行为的钟形曲线分布模式与规律、经济中主要力量的重要趋势，以及股票市场有一种趋向于平均值或“正常状态”的趋势。长期投资者知道，当前事件离钟形曲线中央平均值越远，向均值回归的力量就越大，这股力量将当前数值无情地拉回到中间值和正常值。

对未来回报保持现实期望的一个好方法就是假设未来市盈率倍数和利润的变化范围不会超过历史上的最大值和最小值，并且其数值越来越接近平均值，频率越来越快（再强调一次：如果市场走高，习惯于从后视镜中评估未来前景的投资者会增加一些向上的动力；而如果市场走低，他们就会临时增加一些向下的动力）。

经济在微观层面上是非常复杂的——股市反映了每一个国外或全球产业、成千上万家公司以及总体经济的所有因素——投资

① 理解以后数天或数周的前景很容易，正如摩根（J. P. Morgan）所说：“它会波动。”

者面临的重要事实受两大因素影响：企业利润（以及它们分发的红利）和这些收益的资本化率——市盈率（由利率①以及反映投资者当前乐观或悲观程度的“投机”因素决定）。

首先，如果股息收益率为 1.5%，而企业收益增长率为 4.5%——长期中增长率正常波动（4% ~5%）的中间值——那么6%就是对未来“基本”收益率的合理预期中的第一部分。其次，由于证券是可以上市交易的，那么其估价如何变动才是合理的？最近几十年来的平均市盈率是 15.5 倍，我们把它作为起始值。如果你相信经济的基本面有利于企业，那么你可以把这一数值增加到 17 倍、18 倍甚至 20 倍。

历史观点总是为我们提供帮助②。这两个主要因素——收益和市盈率——是如何解释 1982 ~1999 年美国出现的有史以来最大的牛市呢？请看下面的解释：首先，1982 年，企业利润只占 GDP 的 3.5%，显著低于 4% ~6% 的正常范围。到 20 世纪 90 年代末，企业利润接近 6%，达到了正常范围的上限。这是一个巨大的转变。其次，长期政府债券的利率在这一期间从 14% 下降为 5%（仅仅是这一变化就使债券的市场价值增加了 8 倍，即年复利率为 13%）。伴随着市场估值的所有长期变化，主要力量都是基本的和客观的。我们还应该考虑受投资者感觉影响的主观因素：1974 年时极度悲观，1999 年时极度乐观。在同一期间，道琼斯工业平均指数（所有的红利再投资）以年收益率 19% 的复利计算，增长了将近 20%，部分原因是利润的增加，但主要原因是利率的大幅下降——因为人们对通货膨胀的预期降低了。

---

① 反映了预期的通货膨胀。

② Fortune, November 22, 1999. 在《非理性繁荣》（*Irrational Exuberance*）中，罗伯特·希勒（Robert Shiller）雄辩而又有事实依据地评述了在新经济狂热中的美国股票市场，这是一个理性评估的极佳例子（Princeton University Press, 2000）。

在“善意地忽略”向均值回归的过程中，投资者总是把过去市场和经济的行为投射到未来，而且还会以某种方式加以放大。20世纪70年代早期，投资者都认为通货膨胀率会维持在很高的水平上，而收益将维持在低水平上甚至更糟，大多数报刊也助长了这种悲观的观点。2000年，投资者都极为乐观，并预期情况会更好——特别是那些迷恋网络股和为所有的股市泡沫大唱赞歌的人[①]：“这次不同了。”

像往常一样，杰克·伯格（Jack Bogle）有一个明了、直接的方法。首先，将投资回报分为基本回报和投机回报。基本回报是现金分红与年收益增长之和。投机回报是估值相对于收益的变化(可正可负)，即市盈率。历史可以告诉我们很多事情，那些不研究历史并从中吸取教训的人必定会重复以前的错误。首先，要记住，在1968年和1982年，道琼斯工业平均指数为1000点，在1964年末和1981年末，道氏指数为875点——在长达17年的期间中净变化值为0，因为尽管企业利润有了很大增长，但利率从4%提高到15%，这极大地压缩了市盈率，投资者也“体验”到了极度悲观。在如此的水平上，市场将走向何方？

1998年，股息收益率为3.5%，在随后的11年中，收益以每年7.1%的速度增长。这对投资者来说是好消息：年基本回报——股息加上收益增长——为10.6%。但这还不是全部：投资者获得的回报要多得多。由于基本回报率达到10.6%，所以总投资回报率达到了惊人的18.9%，其间的差值8.3%是投机回报。同时，市盈率也从12倍快速提高到29倍，增加了1倍多。这能够持久吗？当然不能。向均值回归肯定会再次发生。正如市盈率

① 其他投资者狂热是19世纪30年代英国的运河狂热、19世纪50年代欧洲和美国的铁路狂热、20世纪20年代的汽车狂热以及20世纪80年代日本的房地产狂热。

为12倍太低了一样——长期投资者最终肯定会从“回归均值”中得到补偿——29倍的市盈率太高了，最终肯定会降低。

还有一种评估可能的未来回报的方法[①]。股票投资回报总是将现金分红、每股增长的股息或收益、每股收益或红利估值的变化（可正可负）加在一起得到的。从历史上说，这三个组成部分的计算如下：3.5% +2% +2% =7.5%。现在我们将股息率定为1.5%。假设未来长期中每股实际收益率为2.5%，这是比较乐观的估计。现实一点儿来说，我们不能指望市盈率成倍增加。因此，运用算术方法，我们可以得到1.5% +2.5% +0% =4%。你可以把这些数字改成你认为适当的数字，但要接受历史的教训，并努力保持理性。

预估未来的另一种方式是假设我们处于一极长时期的中间，在整个期间中，扣除通货膨胀因素后的实际回报率就是历史上的正常值6.75%。由于过去20年的回报率是13.3%，均值为8.75%，以后20年的回报将只有0.6%。如果长期平均值是9%，以后20年的回报率将是4.9%[②]。

出现这种结果的可能性不应该被忽略——这并不是因为股票市场在过去的20年中创造了如此高的回报。1901～1921年间，美国股票市场的实际平均回报率是0.2%。1929～1949年间，平均回报率是0.4%，而1966～1986年间，这一数值是1.9%。换句话说，在20世纪超过60%的时间里，在世界上排名第三的股票市场中，实际年回报率还不到2%。

格雷厄姆（Ben Graham）在其著作《证券分析》（*Security Analysis*）中明智地向人们发出警告：“长期投资者必须注意，不要

① 加拿大市场观察家 Keith Ambachtsheer 详细讲述了这种方法。
② Cambridge Associates 发布了这种方法。

从当前的经验中学习过多的东西。”他指的是1929年的股市大崩溃以及随后可怕的岁月。对于网络股票或任何一个长期时间序列（期间所有的或部分股票市场都对最近的事件做出了过度反应，有时是正面的，有时是负面的），他同样可以这样说。

粗略地评估股票市场并不难，但精确地评估实际上是不可能的。同样，大致估计长期中股市的走势并不难，但估计今后几个月的趋势几乎是不可能的——也是没有意义的。记住，在长期中，决定股票市场水平的主要因素具有相当一致的行为模式，并拥有向均值或正常状态回归的强大力量。

评估当前市场水平和可能走向的主要原因是出于防御目的，主要是在影响面巨大的过度悲观或过度乐观的情绪中保护我们自己不掉进市场先生的圈套中。

CHAPTER 17

第 17 章 个人投资者

个人投资者和机构投资者有极大的不同，不只是个人投资者的资金比较少而已。有一个差别是决定性的：每个人都会死亡。死亡不可避免，这是所有个人投资者最主要的现实，不论是作为个人，还是作为投资者。

生命短暂，我们当中赚取收入的人通常都有一定的年限，来建立一生的储蓄和投资。那些不再能够赚钱和储蓄的人要靠一些固定的财源，度过长短不能确切知道的岁月。

个人投资者还有一点不同，就是他们的金钱经常有重大的象征意义，而且可能在很大程度上牵动他们的情绪。投资成功的关键是理性，但是，大多数投资者都不可避免地受到情绪的影响，而且在关键时刻甚至会受到情绪的控制。有些投资者觉得自己的钱代表着自己和生命的价值（就像企业家经常把自己的公司看成自己的身家性命一样）。这种“我的钱就是我”的症状特别常见，尤其是在老年人中。如果在你的家庭中出现这种现象，要忍耐：这只不过是表达害怕死亡的一种方式。

还有另一个重要的差别：个人投资者可以通过是否进行赠予以及赠予的数量在相当大的程度上影响他人——不论是在财务方面还是在情感方面。金钱的情感力量和象征性大于其经济力量，个人投资者能够小心应对这两点，就是个聪明人。

所有投资者都有一个可怕的敌人，而且太容易低估这个敌人，这个敌人就是通货膨胀。对个人投资者来说，这个敌人特别危险。

在长期中，通货膨胀才是个人投资者的主要问题，日常或波段性的股价变动虽然惊心动魄，却不是散户最大的忧患。通货膨胀的侵蚀力量才真的令人害怕：当通货膨胀率为3%时，你手中货币的购买力会在24年中降低一半（参见表17.1）。当通货膨胀率为5%时，你手中货币的购买力在不到15年的时间内就会降低一半，在随后的15年内会再降低一半。通货膨胀率如果是7%，只要经过21年，也就是从65岁“提早”退休，到86岁为止，你手中货币的购买力就会降到只有目前的1/4，而86岁却是日渐常见的预期寿命。这显然是一个严重的问题，特别当你已经退休，没有办法再增加资本以抵消通货膨胀对购买力可怕的侵蚀时。

表17.1　不断提高的通货膨胀率对购买力的影响

通货膨胀率（%）	购买力减半所需时间（年）
2	34
3	24
4	18
5	15
6	12

通货膨胀才是个人投资者最大的问题。

个人投资者还有一点与机构投资者不同，那就是我们每个人都有要亲自承担的责任，如教育子女、为自己和所爱的人提供保障、协助年老的亲戚支付保健费用、向曾经帮助过我们的学校和机构进行捐赠，或希望通过捐赠来帮助自己的社区等。此外，每位个人投资者都希望有强有力的自我保障，用来应对重大灾祸，包括活得比预期时间长，需要更多的保健费用。最后，大多数人都希望给子女或孙子辈留下些东西，以协助他们改善生活（对我们大多数人而言，子女过比较好的生活，是“进步”的真实意义）。人们把这些责任视为非常切身的问题，在很多情况下，他们不知道需要多少资金，而且所需资金可能变成“无限”，上年纪时的潜在保健费用就是一个令人不安的例子。

大多数个人投资者都有一张固有的资产和责任的长期“资产负债表”，然而，大多数投资者都没有分析自己的整体财务形势，或者把它写下来，而且大多数人没有把直接、间接的利益相关者——也就是所谓的“我们”明确地列在资产负债表中的“责任”方。

在规划投资者资产负债表的“责任”方时，你会希望把谁列在你认定的“我们”当中，列入的目的是什么？你计划承担的子女教育责任有多少？上大学的费用很高，研究生越来越被认为是必读的学位，花费同样很多。在为子女提供教育费用后，帮助他们买第一栋房子，在你看来很重要吗？协助子女创业对你很重要吗？你的父母、兄弟、姐妹等亲戚怎么办？他们在什么情况下需要你的财务支持？需要资助多少、什么时候需要资助？你一定要知道你全部的承诺加起来一共是多少，什么时候需要用钱。

在投资之前，自然需要储蓄，而且必须储蓄，因为我们只能用我们的储蓄进行投资。储蓄有一个特殊的特征：你能够决定自己做什么，而且能够做成。我们可以通过在秋季买草帽、元月买圣诞卡等很多形式进行节省，在长期中会创造辉煌的成果，尤其是配合理智的长期投资方法时，更是如此。

储蓄的第一个目的是累积防御性的准备金，以便在麻烦出现时，可以像灭火器一样，提供帮助。而且这种准备金也像灭火器一样，在需要时，应该大胆地充分利用。在为对抗偶发严重事件提供保障后，多余的储蓄就可以用来进行长期投资。

本书的核心观念和基本主题是，可以用来进行长期投资的资金如果投资在股票上，并且长期持有，对投资者最有利。但是，预期活不到10年，也就是活不到接近“长期”的老年投资者怎么办？他们是否应该像传统观念所说的那样，投资在以债券为主的投资工具上，以便“保本”？与通常情况一样，传统观念可能错了。

为了求得“心安”，退休的投资者可能希望投资在相对稳定、收益相对较高的证券上，他们应该知道，这样做是让情绪力量主宰了自己的经济利益。他们这样做很可能没错，却没有必要，因为个人和机构一样，投资债券，得到比较多的收益，会让个人受到“艾里斯法则”（Ellis's law）的影响：由于没有在长期股票投资上投入同样多的资金，1 美元额外收益要以过去所有收益中的1.5 美元为代价。对于那些把资产转移到高收益的“防御型”投资如债券和收益型股票的人来说，这是沉重的代价，他们也成了通货膨胀侵蚀和伤害的固定目标。

此外，尽管老年投资者可能预期自己不会活很久，但是，投资由受益人继承后，可能会具有极长期的使命。在投资者的真正目的——为子女、配偶或母校提供帮助等——具有更长的时间框架时，没有必要将投资的时间框架限制在投资者的有生之年①。

如果你非常谨慎地使用你的防御性准备金或只是部分运用这些资金，你可能会需要更大比例的准备金——这样做的机会成本很高。手边的准备金是用来花费的，而不是要留到必要的时候再用。要成为真正成功的终生投资者，首要的挑战是“认识自己”——了解你个人的财务目标，以及对你来说什么意味着真正的成功。就像乔治·古德曼（George Goodman）极为明智的建议一样：“如果你不知道自己到底是谁，那么想在股票市场上找到答案，其代价会很高。”在房地产、商品和期权市场上也一样。

投资者花时间尽可能地认识自己，了解自己身为投资者的感觉和行为，才算聪明。例如，以下这个简单的测验可以为大多数投资者提供一些有用的见解。

问　题：如果你可以选择，你喜欢哪种情形？

选择一：股价大涨，而且多年维持高价。

选择二：股价大跌，而且多年维持低价。

不看未来，你会选择哪一个？如果你选择第一个答案，那么你和参加这个小测验的专业投资者中 90% 的人想法一致，这会让你感到欣慰吗？你不应该欣慰，因为除非你长期站在股票的卖方，否则选择第一个答案，就是违背自己的利益。

---

① 此外，长寿、快乐生活的秘诀之一是“继续攀登”，并且像英国大政治家迪斯雷利（Disraeli）精妙的格言一样，“与未来同行”。投资股票会让我们保持年轻。

首先请记住，你买进普通股时，所买的东西其实是这种股票每股分配股利的权利。[①] 正如同我们买母牛是为了得到牛奶、买母鸡是为了得到鸡蛋一样，我们买股票是为了目前和未来的股利。如果你经营牧场，难道你买母牛时，不希望母牛价格低落，以便你在母牛上的投资得到更多的牛奶吗？

买进股票时，股价越低，每单位投资可以买到的股数就越多，投资所得到的股利金额就越大。因此如果你是储蓄者兼股票的买方（大多数投资者目前都身兼两种身份，预期未来多年仍将如此），你真正的长期利益在于股价大幅下跌，并且维持在低价，以便你能够以较低的价格累积更多的股份数，使你的投资得到较多的股利。

因此，正确的长期选择是违反直觉的第二个答案，股价大跌并且维持低价对你最有利，这样你才可以用你现在投资的钱，得到在未来的岁月取得更多股利的权利。

对于这个有点扭曲意味的问题，上述说法不仅仅是巧妙的解释，更可能是一个关键方针，可以让身为投资者的你获得重大成就，也可以让你在投资生涯中更为安心。

大多数投资者因为过于受人性左右，比较喜欢持续上涨的股市，而且在股价已经高涨时，热衷于买进更多的股票，以致未来的投资回报率极低（不论你买进时的股价是高是低，每股得到的股利都一样）。同样，大多数投资者在股价下跌之后，对股票的感觉相当不好，而且最容易在股价已经很低、在这种价格下买入的股票未来收益很高时，错误地受到诱惑而卖出（参见图17.1）。

---

① 不错，你也能得到选举董事、监事之类的权利，得到未来如果有人要并购这家公司时，可以用比较高的价格卖出股票的权利。但是，在现实情况中，很少有股东投票反对管理层的决议，而且意外的并购只在非常少数的公司发生，与股利相比，这些股东权利通常不重要。是的，你也得到了把股票卖给其他投资者的权利，当然，你希望以高价卖出股票，但是，是哪些因素决定了下一个投资者乐意付出的价格？当然是预期未来股利的现值。

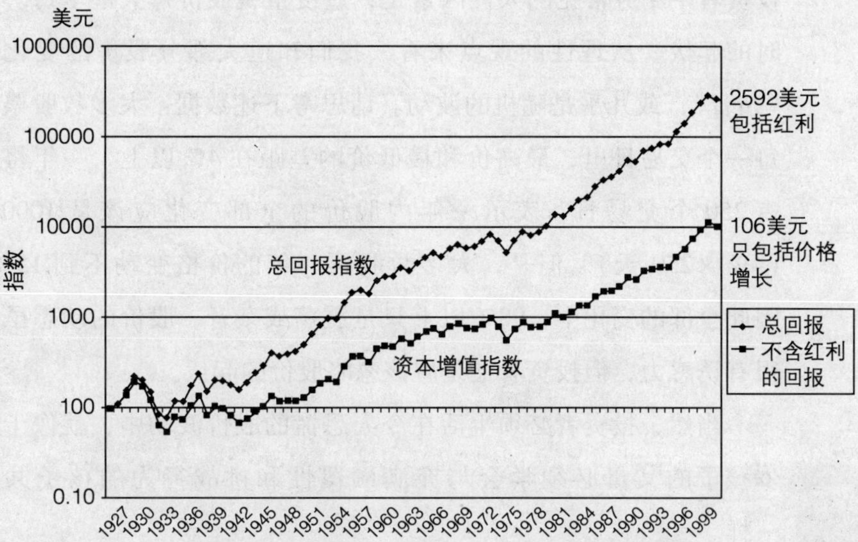

图 17.1　本图显示出了股利再投资的重要性——即使在股价几乎没有上涨的两个很长的时期，即 1930～1955 年的 25 年中与 1965～1985 年的 20 年中，仍然如此。如图所示，由于股价上涨，1 美元会增加为 105.96 美元，但如股利再投资，同样的 1 美元会增加到 2591.79 美元。

如果你能够用这个简单问题所显示的方针，把理性的答案纳入你的投资思维和行为中，你就会明白：人的情绪经常违背自己的理性经济利益。你会教育自己对抗大众及自己的感觉，以免受到诱惑，在股价高企时，跟着人们一窝蜂地买进，或是在股价低落时，跟着人们杀出。

> 作为长期投资者，你希望看到股价降低。

不要混淆事实和感觉，始终努力保持理性。另一个在大多数投资者中十分常见的人性因素是：过度重视股价每天甚至每一小时的起伏。从理性的观点来看，我们知道大部分股价的变化是“杂音”，或几乎是随机的波动。请思考下述数据：大多数股票在每一个交易日里，最高价和最低价的差距在4%以上，一年将近有250个交易日，表示一年内股价的全部变化应该是1000%(4% ×250天)。但是，大多数股票一年的价格变动不到15%，因此全部的变化中，98%以上只是震荡或杂音。股价的动态虽然很有诱惑力，但投资者还是应该忽略股价的起伏。

当然，投资者必须生活在令人恐慌的股价波动中，就像十几岁孩子的父母必须学会与充满颠覆性和挑战行为的孩子共处一样。

在进入华尔街的第一年，我和一群新科MBA一起参加一个培训项目。我们都期盼着最后一堂课：与一位通过精明的投资在多年内积累了大量个人财富的显贵会面。在被问到他成功的秘密以及对我们这样的年轻人有什么忠告时，他思考了很长时间，把他积累的经验归结为一句直白的格言：“不要损失!”

在40年前第一次听到这个忠告时，我觉得这似乎太简单了，但随着时光的流逝，我越来越相信这是一个很好的忠告。不要让自己承受严重的、不可挽回的损失。自然，如果不能承受暂时的小规模损失，你就无法投资。市场的确不停地波动，不入虎穴，焉得虎子，但不要承担不适当的风险，不要打“全垒打”，不要借钱投资。如前所述，有老飞行员和大胆的飞行员，但没有既老又大胆的飞行员。

如果你发现自己陷在股价上涨的激情中，或是陷在股价下跌的愁苦里，要努力打破这种困境。去散散步，让自己冷静下来，否则的话，你很快会成为“群众”的一分子，想要做些事情，这样你就可能犯下让你后悔的严重错误。对大多数投资者来说，“善意的忽略”是长期投资的成功秘诀。

拥有亿万资产的人，可以利用“专门账户”得到很好的投资建议，财产不够多的人通常得不到这种服务，这些人的资金太少，对于一流的投资经理来说根本不重要。幸运的是，所有投资者都有一个可供选择的途径，即共同基金。有两种基金特别有意义：一种是指数基金，它的成本和费用都很低，这类基金是模仿众多公认的股价指数中的一种，如标准普尔 500 指数或拉塞尔 2000 指数[①]。详见第 4 章。

封闭型共同基金是另一种有意义的基金，尤其是目前折价销售，又受到基金条款限制，要在合理的期间改成开放型基金，改成开放型会取消折价。如果这种基金的长期投资风格（成长型或价值型）目前不受欢迎，你可以在它们的“淡季”时买入，这样做很有吸引力。

正如机构投资者一样，个人投资者如果拥有专门账户，最好明智地与投资经理达成协议，以书面形式写下整个计划，说明资金如何投资，列出长期目标、投资策略的限制，以及在不同的市场环境中你所期望的绩效。个人投资者应该在细心研读每只基金的公开说明书，研究基金的长期目标、投资策略和绩效期望之后，再投资共同基金，这样做也可以达到与专门账户类似的目标。

通过每年花些时间正式、客观地分析投资目标、财务资源、财务责任，并将先前务实的期望与近期的投资成果相对比，你就可以增加获得优异投资绩效的机会——这意味着可靠地实现你自己明确、现实的投资目标。

① 先锋基金集团提供一系列指数型基金。

尽管我们的注意力通常会集中在投资上，但是也不应该忽视下列因素：储蓄、保险、银行信用额度、短期负债、可能存在的帮助或支持别人的责任、每年的收支和遗产税计划。这样做是为了“打开灯”考察一下全局。

如果你储蓄有方，而且有足够的投资，拥有充足的资金，可以满足所有你选择的责任或义务，那么你就是真的赢得了这一“金钱游戏”，这的确是令人兴奋的成就。赢家应该注意，绝对不要把胜利建立在风险的基础上，尤其是通过不必要的或不明智的借款，或对任何投资投入太多，或过度承担责任和承诺。

赢家应该避免通过投机追求更大的成功，冒险变成“非赢家”（nonwinner）——不只是变成输家，而是变成真正的傻瓜——就不值得了。赢家也应该注意，不要像上面所说的那样变得“过于小心”，即使是略微“保守”的投资都可能使整个投资暴露在通货膨胀的风险中。家族巨额财富的创立者罗斯柴尔德（Nathan Mayer Rothschild）解释说：“要有绝大的勇气和谨慎，才能创造巨额财富，拥有这些财富后，需要10倍的才智，才能守住它。”

对于个人投资者，在考虑投资决策时，下面的“十诫”可能很有帮助：

1. 不要投机。如果你必须依靠“投机倒把”（play the market）来满足某些情感上的“渴望”，那么你必须承认这是在赌你的能力足以击败专家，而且必须限制你投入的金额，就像你与拉斯维加斯的专家赌博时一样（请做精确的记录，你很快就会说服自己放弃）。
2. 储蓄。

3. 切勿以“税收原因”为投资的主要动机。避税投资工具都是差劲的投资。税收损失卖出（tax loss selling）主要是经纪人增加佣金的方法。

当然也有例外，而且有一些还很重要。确保你拥有一个精明的财产规划，并随着你的财务状况和不断变化的税收法规而改变。要特别考虑指数基金投资的“秘密”收益：低税收。因为投资组合变换率很低，因此与典型的“积极型”共同基金相比，对收益（特别是短期收益）征收的税款就低得多。当前税收降低的幅度平均超过投资者年回报的3%。

有两个例外：如果你无论如何都要卖出股票，用低成本的股票做慈善捐赠就有道理。如果你能够每年都最大限度地对自己的401(k)计划或利润共享计划进行投资，那么就要设立一个个人退休账户。

要有绝大的勇气和谨慎，才能创造巨额财富。

4. 不要把住宅当成投资。把家当成和家人一起生活的地方，如此而已。过去25年来，美国住宅价格的涨幅低于消费者物价指数，投资回报率低于国库券。

5. 绝对不要从事商品交易。约翰·特雷恩（John Train）在《金融大师》（*The Money Masters*）一书中谈到一位商品经纪人，想想这位经纪人的经验，他在十多年内对将近1000位顾客提供了有关商品交易的建议，有多少人赚钱？连一个都没有。经纪人却赚了钱，因为他有佣金。

6. 别被股票经纪人搞晕了。他们通常是很好的人，但是，他们的工作不是替你赚钱，而是从你身上赚钱。有些经纪人很有良心，会全心全力，多年不变，尽责、体贴地为客户提供服务，你不能假设你的经纪人会这样对待你。有些经纪人或许会这样做，但是大多数经纪人根本做不到这一点（美国一般的经纪人通常要和200位顾客“交谈”，这些顾客投资的总资产为500万美元。经纪人一年要赚10万美元的话，必须创造30万美元的总佣金收入，即占他交谈对象总资产的6%。为了创造这么高的手续费，他根本没有时间知道什么是“正确的”，他必须让钱滚动，那些钱当然一定是你的）。

7. 不要投资新的或“有意思”的投资工具。设计这些投资工具的目的是要“卖给”投资者，而不是要让投资者“拥有”①。（鱼儿总是被从鱼饵店里买来的装饰华丽的诱饵所吸引，钓鱼新手对此大惑不解，诱饵店的经营者言简意赅地说：“我们不向鱼卖诱饵。”）

8. 别因为你听说债券是保守的投资，或是收益和本金有保障，就投资债券。债券价格的震荡幅度几乎与股票相当，而且在对抗长期投资的真正风险——通货膨胀方面，债券的表现很差劲。

9. 写出你的长期目标、长期投资计划以及资产计划并坚持到

① 我的姨妈80多岁了，她经过多年的小心储蓄和明智投资，建立了价值将近10万美元的普通股投资组合。她问我是否应该接受当地一位俊美的年轻男经纪人的强力建议，卖掉所有股票（产生庞大的资本利得，必须课税），把得到的大部分资金购买国库券，保障本金的安全性，剩下的钱再买股票期权，这样她可以从可能出现的任何多头市场获利。还好我的姨妈很聪明，在投资上经验丰富，没有受到诱惑（想想看，这样会为这位经纪人创造多少佣金）。

底。至少每 10 年对这些计划评估一次。我们推荐每年评估一次，不要拖延。

10. 别相信你的情绪。感觉十分幸福时，你很可能就要受伤了。觉得心情恶劣时，正是黎明前最黑暗的时候，你不该采取行动。在投资方面，活跃几乎总是多余的。

不要过多投资于自己的公司——不论公司有多好。你的退休基金应该把安全放在第一位，而安全意味着防御。如果你还有疑问，那就去读一读关于朗讯（Lucent）和安然（Enron）公司的资料，这两家公司的市值损失了 90%，迫使大量忠诚的员工下岗：这些员工的储蓄没有了，工作丢了，梦想也破灭了。

CHAPTER 18

第18章 规划你的操作方法

不错，谁也无法逃脱死亡，但是，身为投资者，你可能太重视这个终点了。例如，假使你计划把大部分资金遗赠给子女，即使你的年事已高，你的家庭投资策略的适当时间框架很可能还是非常长久，长到可以让你忽略传统的投资说法，如“老年人应该投资债券，追求较高的收益和安全性”。

这种说法可能正确，但是，对你和你的家庭来说，更有效的决定很可能是百分之百投资在股票上，因为你的投资时间框架远比你的寿命长多了。传统见解认为：“要确定你应该把资产的多大比例投资在股票上，只要用100减掉你的岁数就行了。”这种说法不对，不对的两个主要原因是：（1）按照这种观点，每过一年，你就不得不降低股票所占的比例，提高现金和债券的比例，因而产生高昂且没有必要的税负。（2）如果你所爱的人（家人和继承人）甚至是你所爱的机构（你最喜欢的慈善机构）比你生存的时间长（几乎一定比你生存的时间长），那么你应该拉长你的投资时间框架，长到不但涵盖你自己的有生之年，也涵盖他们的生命期间。例如，如果你现年40岁，有一个5岁的儿子，你的投资时间不只是另外的 45 年（你预期还能活的时间），而是接近 80 年。同样，即使你现年 75 岁，如果你有个小孙子，甚至有一个你钟爱的慈善机构，你的投资时间也应该比较长。

大多数投资者的投资时间框架都相当长，达到 20 年、30 年，而且经常在 50 年以上，因为他们传给别人的投资，在他们身后很长时间仍然会有优异的表现。我们投资者的寿命有限，但是，我们的投资不知道这一点，也不管这一点。

请记住古德曼的告诫："股票不知道你拥有它。"这种说法适用于所有的投资，如股票、债券、建筑物等。今天具有价值的所有东西，不管未来是由谁拥有，一样会有价值。因此，投资应该总是为投资而投资，而不是为个人的原因如年龄而投资。

不要只因为你到了不同的年龄，或是退休了，就改变你的投资。如果你买得起精美的画作，那么它们根本不会因为你到了退休年龄或已经庆祝了 70 岁或 80 岁大寿就改变了。投资也是一样：如果你负担得起，就要继续维持你为自己制定的投资策略。

不要只因为你到了不同的年龄，就改变你的投资。

复利很强大。记得一个故事吗？一位苏丹对一位大臣心存感激，因为这位大臣伟大的行为，拯救了苏丹的帝国。苏丹希望好好地奖励这位大臣，大臣谦逊地回答说，他只愿意接受在国际象棋棋盘第一格放 1 粒小麦、第二格放 2 粒小麦、第三格放 4 粒小麦、第四格放 8 粒小麦，以此类推……大臣说他不需要很多的奖

励，这种加倍的赐予的象征意义，就能够满足他谦卑、感激的心情。苏丹高兴地接受了这个似乎简单的方法，以表达自己的感激之情。不幸的是，他没有认识到复利可怕的力量。任何东西连续加倍64次（国际象棋棋盘有64个格），都会变成天文数字。在这个故事中，少数几粒小麦经过复利计算，总价值比整个帝国所有的财富加起来还多！苏丹为了维持自己的声誉，最后把整个帝国交给了这位大臣。

我们大部分人应该熟悉下面这个故事：如果你在20世纪开始时在美国的普通股上投资100美元，这笔投资到今天值多少钱？立刻告诉你答案，是733383美元！哇，100美元变成了70多万美元！但是，别高兴得太早，我们要问几个有助于澄清事实的问题：

问题：这95年的收益中，有多少是最近20年的收益？

答案：大部分是。事实上，到1975年为止，这笔钱只增加到7.5万美元，其余64.3万美元是在最后20年的股票市场繁荣中得到的。

问题：表面看来让人惊奇的收益中，有多少其实只是通货膨胀造成的"膨胀"效果？

答案：大部分都是。将近1个世纪的真正获利只略超过4万美元，但就100美元来说，这确实也是庞大的收益。但是，同样确定的是，它只占名义收益733383美元的6%而已。

此处传达的信息不是复利多么善于增加实际财富，而是通货膨胀会无情地摧毁财富的购买力，速度几乎和经济增长创造财富的速度一样快。只有实际净获利才能用于支出，因此要对一些宣传和广告保持慎重，这些东西用未来赚到惊人“财富”的虚幻承诺欺骗投资者，却不解释通货膨胀同时会造成极为不利的影响。

通货膨胀冷酷无情地摧毁你的资本。在 1960 年用 100 美元可以买到的东西，到 1995 年要花上 500 美元。换句话说，在 35 年里，通货膨胀使每 1 美元的价值减损了 80%，以复利计算，每年减损的比率是 4.8%。

> 你的投资不知道你的希望和意图，
> 事实上它们也不在乎。

通货膨胀的侵蚀力是投资者最大的敌人，这一点很清楚、很明确。如图 18.1 所示，在 20 年的时间里，1 美元的购买力就会萎缩成 0.35 美元。

研究扣除通货膨胀因素后的道琼斯工业股价指数，或许可以看出通货膨胀对投资的真正伤害，请特别注意：

- 从 1977 年到 1982 年，扣除通货膨胀因素的道琼斯工业指数从 270 跌到 100，5 年时间跌掉了 63%。
- 从 20 世纪 60 年代后期至 20 世纪 80 年代早期的 15 年中，扣除通货膨胀因素后，未加权股票市场下降了 80%，理性、长期的投资者知道并牢记这一点十分重要。结果，对于投资者来说，20 世纪 70 年代的 10 年实际上比 20 世纪

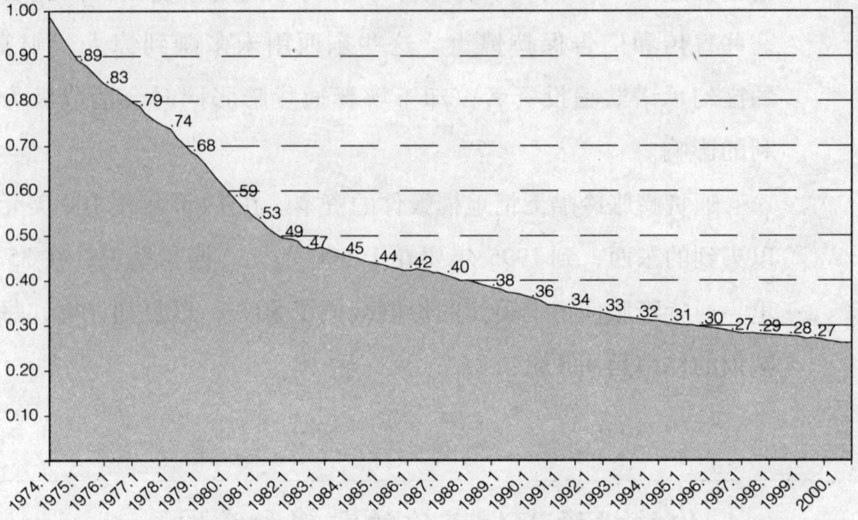

图 18.1　1 美元价值的萎缩

资料来源：Consumer Price Index, U. S. Department of Labor.

30 年代更糟。

- 1993 年，扣除通货膨胀因素后，道琼斯工业指数等于 1928 年的水平，在经历了 65 年漫长的等待后终于又回到了起点。

投资者开始规划健全的财务计划时，一定希望得到下述三个最重要问题的“正确”答案，所谓正确，是因为答案能够让人安心，而且合乎理性。

- 我的计划书能够确保我在退休之后克服通货膨胀，得到足够的收益，保持适当的生活水平吗？对大多数人而言，这种“足够的收益”大约等于退休前开支的 75% ~80%，并且每年增加 3% ~4%，才能抵消通货膨胀。

- 财务准备金足以应付意外事件吗？这里指的是健康危机，尤其是老年时的健康危机。
- 女性比男性的寿命更长，妻子又经常比丈夫年轻，因此大部分已婚男性都特别注意，希望在自己过世后，能够让孀居的妻子舒适地过日子。
- 剩下的钱有多少？能够满足我遗赠给继承人和慈善机构的目标与意愿吗？

如果这些核心问题不能得到彻底、肯定的答案，那么你的计划就需要重新考虑和改变，或许需要大幅改变。你现在就必须这样做，以便使时间对你有利。

写下你的目标，也列出你希望实现目标的日期，这样你可以依据自己明确的计划，衡量实际的进展，因为在投资的所有问题中，时间是关键。

当投资的动力来自与投资无关的事情，如与子女进大学的时间、获得一笔遗产或你的退休日期有关时，那就不见得是最好的投资。要把投资的时间和方式分辨清楚。你的投资不知道你的期望或意图，事实上，它们也不在乎这些。身为投资者，你必须适应市场，市场不会适应你。如果今天市场行情似乎太高，不是你执行投资计划的正确时机，你总是可以把资金安全地存放在货币市场基金中，等到行情适当时，再转换为长期投资。或是以定额投资的方式，分好几年进行投资。这样通常比较明智（这被称为成本平均法，这样做会得到令人满意的结果，你的平均购买价格会低于你购买时的平均价格）。

在你作为投资者的岁月里，最适合你的投资计划会一再改变，首先是你的环境和财力会变化，其次是因为你的目标和重大抉择会改变。但是你的计划考虑得越周到、越健全、制定时间越早，你就越不需要随着时间流逝而改变你的计划。规划健全的长期投资计划时，以10年为一个单位常常最适宜。因为探讨10年这么长的时间，会提醒我们健全的投资具有长期性质，而明确考虑相当长久的时间，会使我们的规划更加明智、周到。

当然，只有实际执行后，先前的规划才有用，投资者应该遵循教练的双重告诫：“规划好行动，并执行你的规划！”

第一步很清楚，就是摆脱负债。在清偿掉学校贷款和买第一栋房屋的所有负债后，你就实现了第一次胜利，这是一种得来不易的美妙感觉。

摆脱负债的关键很清楚，就是储蓄！储蓄的基本条件是终生节俭，花费比你的收入少，并且延后你的支出。假设或希望收入会超过支出的人可能是相信奇迹，但是他们注定会失望，而且会非常失望。你必须先储蓄，定期把钱存起来，在共同基金开立定期定额账户，每月自动地从你的银行账户或你的工资账户扣款，这是储蓄的好方法。

慎重地借贷和债务缠身大不相同，借贷的人有充足的偿还能力，最重要的是，可以决定或控制还款的时机，所以很安心。债务缠身的人要由贷放者决定是否借钱给他，而且必须在贷方的要求下还款（借贷和欠债不同，退休和年老也不一样。退休后，你可以把更多的时间用在旅行、阅读、运动和其他感兴趣的事情上；年老后，你的身体无时无刻不在与你作对）。

表18.1讲述了一个与通货膨胀有关的重要故事，最上面第二行所示的“储蓄目标”，是指你今后要存下多少钱，才能保证到65岁时，在扣除通货膨胀因素后你每年能够获得3.5万美元的收入（如果你希望有7万美元可以用于支出，以维持你的生活方

式，就把这一栏的数字乘以 2，如果你希望有 10.5 万美元可用，就乘以 3，其余类推）。下面我们看看如何使用这张表。

表 18.1　每年获得 3.5 万美元实际收入的储蓄方法

目前年龄	25	30	35	40	45	50	55
储蓄目标（万美元）	300	250	210	170	140	110	94
你现有的储蓄（美元）	你每年必须储蓄多少钱（美元）						
0	6890	9248	12524	17217	24300	36004	58995
10000	5868	8211	11463	16116	2312	34689	57367
25000	4334	6656	9872	14463	21363	32717	54926
50000	1777	4064	7220	11709	18427	29430	50857
100000	0	0	1916	6201	12554	22856	42720
250000	0	0	0	0	0	3315	18308

- 在最上面的一行找到你的年龄。
- 储蓄目标是：今后必须存多少钱，才能保证从 65 岁起，在扣除通货膨胀因素后你每年能有 3.5 万美元的收入。
- 左边是目前的储蓄，金额从 0 到 25 万美元，是你目前投资在免税投资工具上的储蓄，预期以每年 10% 的投资回报率，累积到 65 岁。
- 本表的其余部分显示你每年需要储蓄和投资多少钱，才能实现你的储蓄目标。
- 65 岁退休后，假设投资回报率为 7%，而且进一步假设你到了 90 岁，所累积的储蓄应该已经完全用光。

请看表 18.1，如果你现年 30 岁（表中的第二栏），到你 65 岁退休时，需要积蓄 250 万美元，一年才能产生 3.5 万美元实际可以用于支出的钱。这一栏显示出你现在已经有多少储蓄，今后每年要存多少钱，才能达到这个目标。

请注意其中有一个相当有利的假设，就是你所有的储蓄都放在免税的账户里，进一步以每年10%的复利累积，到65岁退休为止。如果股市行情处在高位，今后仍然可能实现目标，但是不会这么容易，即使你把所有的钱都投入股票也是如此，投入债券根本不可能实现目标。

还记得怎样求解包含2个未知数的方程吗？你学过求解包含3个未知数的方程吗？身为投资者，我们面对的是更复杂的挑战，必须求解有5个重大未知数的难题，而且每个未知数都在不断变化。这5个未知数如下：

- 投资回报率。
- 通货膨胀。
- 支出。
- 税收。
- 时间。

有一项分析[①]研究了1964～2000年35年间的投资经历，假设一位投资者在1960年退休，拥有高达100万美元的储蓄。随后，研究人员分析了各种投资计划的结果，这段期间名义复合投资回报率显然相当高，股票的投资回报率是11.8%，债券是7.9%，国库券（或现金等价物）是6.8%。35年后，在理论上，这个开始时100万美元的投资组合，最后会产生下列令人满意的结果，但是，我们很快就可以看出，这种结果非常靠不住：

① Stanford C. Bernstein & Co. Inc., publicshed in revised form in *The Journal of Investing*, Spring 1996, pp. 5－16.

股　票	5500 万美元
债　券	1550 万美元
国库券	1070 万美元

每一种投资都是赢家！至少表面上看来是这样。但是，请看看缴税后的结果：

股　票	3020 万美元
债　券	660 万美元
国库券	400 万美元

税负造成的差异非常大，债券和国库券尤其如此。请注意这里假设的是最低税负，即投资者只缴纳联邦税（不缴纳州税或地方税），没有其他应纳税所得，而且采取合并申报。事实上，对于有能力投资 100 万美元的投资者来说，实际税负几乎可以肯定会更高①。

请准备面对通货膨胀的冲击，因为只有扣除通货膨胀后，才能把名义或表面上的价值，变成实质的金钱，结果使人们清醒了很多。以下是经过同样的 35 年，扣除通货膨胀因素后的结果：

股　票	540 万美元
债　券	120 万美元
国库券	80 万美元

① 股票的有效税率远低于债券的有效税率，因为股票的部分投资回报率来自行情上涨，而且资本利得的税负比较低，又经常可以延后很多年，或是到你决定卖出时才缴纳。美国股票投资回报的实际或有效联邦税率约为 20%，大约是债券或国库券投资所得税的一半。

对投资者而言，通货膨胀的问题比税负大得多。以实际购买力来说，债券投资经过整整 35 年以后，只比最初的投资多了 20%[①]，国库券实际上比最初的投资少了 20%！税负和通货膨胀被人贴切地称为“可怕的财政强盗”，原因就在这里。

如果这项研究包括实际的持有成本，如共同基金的费用和交易成本，情况会变得更糟。即使是一般的货币市场共同基金（这是管理现金的常见方法），一年大约也要收取 0.5% 的费用，债券型基金收取 1% 的费用，股票型基金大约收取 1.4% 的费用。扣除这些费用后，你可以拿到的净回报如下：

股　票	180 万美元
债　券	75.5 万美元
国库券	58.9 万美元

要赚到长期的“平均”回报率，你必须拥有足够的坚忍精神，能够在行情下跌、通货膨胀粉碎了你的投资组合和信心、使你坚持既有路线的决心动摇时，仍然保持全额投资的状态。

支出是另一个关键因素。在此，时间仍然是一个最重要的因素。请考虑投资者常用的两个支出规则造成的结果：第一个规则是把支出限制在资本的适当比例（如 5%）。如果你像这位仁兄一样遵守这个规则，而且把所有资金都投资在债券上，100 万美元的实际购买力会降到只剩下 20 万美元。全部投资于股票的结果当然比较好，但也好不了多少，你的钱会增加 30%，也就是一年不

① 请注意从 1950 年起，如果你投资市政债券，然后继续持有，并且将收益再投资，期限为 20 年，这其中只有一年亏损。在非常适合投资的第一年，扣除通货膨胀后，你赚到 0.01% 的收益——但是尚未扣除托管或投资管理公司的管理费。

到1%。

另一个规则是把支出限制在股利和利息的现金收入之内，即投资者只花费从股票投资组合中得到的现金收入。开始时，投资者能够支出的钱比第一种投资者少，但是，很快会赶上，而且会有更多钱可花，复利再度发挥了力量。

我们看看第一种简单规则背后不可靠的地方，花费本金的5%对你的母校可能很适合，但是，大学不必缴税，未来又可以期望得到校友和其他人的捐赠，可以对抗通货膨胀。如果你知道自己活不久了，这种花钱方法对你可能也很好，但是如果你很长寿，开支又等于原有资本的5%，你每年从利息和股利得到的收入，会比你每年花掉的5%低，因此你必须动用老本，才能保证每年的支出。这样，你的投资本金受到的冲击会越来越大，减少的速度会越来越快，因为你的资本基础会减少，每年花费5%最初是个很小的比例，但它在本钱中所占的比例会越来越高。

注意其中有一种不太明显的危险：投资者几乎总是可以增加对收益型股票的投资，从投资组合中产生更多的收益。但是，其他投资者都是理性的，除非他们期望明天会得到更多，才会让你今天有比较多的收益，因此所谓的高收益债券可能付给你7%的利息，但是，其中一部分其实是资本的回报，因为要弥补可能偶尔发生的倒闭风险。

金钱是储存价值的媒介，它把过去和现在以及现在和未来连接在一起。你可以根据3%的比率，估计你每年想用的钱有多少，需要多少财富才能产生这笔收入。确定你目前拥有多少财富、每年需要储蓄多少，然后看看能否通过明智的投资计划实现累积资本的目标。如果你设计的第一个计划行不通，就回头再做一次：每年多储蓄一些，或多工作和储蓄几年，或是平常过日子少用些钱。请注意，乐观不能帮助你，每一个假设都要谨慎、保守，有关储蓄率、投资回报率的假设必须如此，跟开支有关的假设也要这样。

把你的储蓄和资本目标与务实的投资回报率期望以及你拥有的时间框架结合起来，你就可以画出自己的投资者三角形，看出你每年需要多少资本或储蓄，才能符合自己的长期投资计划，成功地实现务实的目标，在退休期间得到你所需要花费的钱（你的会计师或投资顾问一定可以帮你计算）。

每年需要储蓄和投资很多钱才能实现退休后的目标，这也许会令你感到吃惊，但如果你知道不只有你觉得惊异，或许会让你略感安慰。退休很昂贵，原因之一是你比自己的父辈和祖辈都长寿，但是，主要原因是通货膨胀是极为无情的大敌。

投资者如果依靠每年的投资收益生活，或是未来必须这样生活，那么好消息是，国库券或债券支付的利息虽然年年有起伏，而且有时候波动得很厉害，但是，普通股投资组合的价值从来没有减少过，通常还会跟随着通货膨胀率而增长。

在很多方面，时间都是关键，你有多久的时间可以储蓄？你需要用钱的时间有多长？要用多少钱？孩子出生、新事业生涯或未来生病，对你的支出和储蓄需求会带来哪些改变？在你投资的这些年内，投资机会有什么变化？仔细研究投资历史对投资者可能很有用，但是，应该研究哪一种投资历史或哪一段期间的历史？经过近年来股市漫长、美妙的时光后，美国投资者自然很容易认为：过去15年代表了历史的一切。其实不是这样，就像你不能根据新英格兰美好的夏日时光说明那里的气候一样。

投资者可能会考虑到死亡的不确定性。如果比预期和计划的时间更早去世，储蓄多年的财产当中，至少有一部分是储蓄者没有用到的。如果死亡时间比预计的晚，储蓄的钱财可能太少，结果可能是穷困不堪。你一定要慎重，但不能过头，你可能储蓄太多，爱你的人不希望你过着穷困的日子，而在你去世后他们可以得到一笔钱。

对长期投资者来说，通过投资咨询，获得明智又最适合自己的长期投资计划，是十分合算的做法。具有讽刺意味的是，大部分投资者在规划最适当的长期投资计划时，不肯也不愿花钱找真正的帮手，这种严重的过失造成了庞大的长期机会成本，错失了原本唾手可得的东西。

好笑的是，投资者通常乐于为执行上的细枝末节，如投资管理费、经纪人佣金和托管费，支付很多的费用，却毫不考虑为整体投资咨询付出费用，以便得到最适于自己的长期投资计划。说得明确一些，大部分投资者每 10 年花费不到 1 万美元，就可以得到非常好的投资咨询。每 10 年花费不到 2 万美元，就可以得到健全的遗产税计划（如果是 10 年一次的计划修正，花的钱还不到 5000 美元）。

大部分投资者不愿付这笔钱，却都乐于每年支付投资总额的 1%（100 万美元每年就要支付 1 万美元）作为经纪人佣金、顾问费用和托管费用。可笑的是，投资者欣然付出较高的费用，得到的价值却比较低——这太无知了。

一年内选一天（如你的生日、元旦或感恩节）作为你“完全不管投资的日子”，保证每年在这个日子里，安安静静地花上几个小时，系统地写出下列问题的答案（第一年的分析可能要花费几个小时，第一年的分析完成后，以后就可以对其进行更新，这样用的时间会减少。你可以在“分析日”前大约一周，重读上一年的计划，以便在脑海中留下印象，使你能够反复进行正确的思考和反省，使这段时间更有助于产生有利的效果）。下面这些问题有助于厘清你的目标：

- 退休期间，除了社会保障和雇主的退休给付外，我每年希望有多少收入？
- 我的退休岁月有多少年？（这里的关键是估计你会活多久。你可以请教医生，让他们告诉你如何利用你父母和祖父母的平均寿命，确定你自己的大致寿命，再依据你个人生活方式的健康程度进行适当的调整。）
- 我准备按什么支出原则过日子？
- 我需要多少钱才够维持退休后的生活？
- 除保险之外，扣除通货膨胀因素后，我需要多少钱才能为配偶和自己承担全部的保健费用？（你的家庭医生或当地的医院可以根据其经验，以和你类似的人作为标准，为你进行合理的估算。）
- 我希望向每一位家人和朋友遗赠多少钱？
- 我希望付出多少钱从事慈善事业？

估计长期的平均年度投资回报率对于大多数投资者来说都是最困难的。下面是简单好用的解决之道：

- 首先要知道在扣除通货膨胀后，每种投资工具极长期的大致回报率：

股　票	4.5%
债　券	1.5%

国库券 1.25%

因此，如果你操作时，假设每年可以从股票上获得 10% 的实际回报率，那你就错了。

- 其次，在你每年的“独自思考日”前，从容地写下以下两个问题，去咨询三家机构的代表。第一个问题是：“过去 20 年来，股市的年度平均回报率为 X%，以目前的股市行情为基准，贵公司预期未来 20 年的平均年度回报率是多少？”第二个问题是：“未来 1 年、5 年和 20 年间，贵公司预期的通货膨胀率是多少？”你得到他们的回答后，求出平均值（得到的当然不是精确的数字，但是大致差不多，而且有一定的价值）。现在你有了和未来有关的两个重要估计数字：一个是股市的名义投资回报率；另一个是你在调整名义回报率以便估计实际回报率时（扣除通货膨胀因素之后）所需的数据。
- 第三，在真正的长期内，最重要的投资决策几乎是很明显的，记住这一点并据此采取行动。以下是两条最重要的决策规则：

  ——任何投资期在 10 年以上的基金都应该投资于股票。

  ——任何投资期低于两三年的基金都应该投资于“现金”或货币市场工具。

下一步是准备一份自己投资资产的完整清单，清单要包括下列项目：

- 股票和债券上的投资。
- 家里的股票。
- 退休计划里的任何资产，包括个人退休账户、基奥计划（Keoghs）、401(k) 计划或 403(b) 计划。

> 长期而言，善意的忽略确实会带来回报。

接着，考察你的退休收入（你可以求助雇主的人力资源部门或会计师）。以下是明显的收入来源：

- 退休金给付。
- 社会保障给付。
- 投资收益。

接下来列出你希望遗赠给家人和其他人的金额，以及你有意捐出的善款金额。

在长期投资中，善意的忽略确实会带来回报。你认真、严格地制定出长期投资策略后，就应该坚持下去。正如莎士比亚所说的，问题“不在命运，而在于我们自己”。因此，最重要的是要抗拒“想采取行动”的诱惑。扑克牌玩家说：“紧张永远赢不到钱。”他们很清楚这一点。美国维尔（Vail）的儿童天地（Kinderheim）以低廉的价格提供优质服务：“小孩子放在这里一天 5 美元。”然后，它为拥有过度焦虑体验的父母提供了两个“选择”：“自己照顾小孩要 10 美元，帮助小孩要 25 美元。”

最后强调一下：在对大部分资产做出任何承诺前，投资者最好重新读一遍莎翁的名剧《李尔王》（*King Lear*）。

CHAPTER 19

第19章 造福后人

正如国际象棋棋手都知道残局的重要性一样，通过适当地关注残局，投资者可以而且一定会在财务和情感方面获得更大的成功。

决定如何运用你的资金以最大化其使用效率，与决定资金如何储蓄、累积和投资一样重要。为退休后的生活提供保障是三个重大挑战和机遇之一，遗赠给至爱的人是第二个重大挑战，第三个重大挑战可能令人兴奋和满足，就是“回馈”社会。

财富就是力量，你既可以用它行善，也可以用它作恶。财富越多，力量越大。十分成功的投资者不论期望或意愿如何，都应该认真思考：他们留给子女的财富总额，会不会扭曲子孙的价值观和重大抉择，或剥夺子孙自行开创人生坦途的乐趣，因而对后代造成真正的伤害。阿克顿爵士（Lord Acton）“权力导致腐败，绝对的权力导致绝对的腐败”的说法，值得再提出来作为警告。我们都知道，富家子弟境况悲惨的例子太常见了。性感巨星梅·韦斯特（Mae West）宣称“好事多多益善”时，是她自己的由衷之言，但是，庞大的遗产对你的子女未必是好事。沃伦·巴菲特和比尔·盖茨说要把大部分的钱捐掉，就是这个道理。

由于金钱是如此有效的储存或移转价值的方式，投资者在满足一生需求或需要之余，如果有剩余，就会有机会影响别人。那么用资产行善的投资者应该受到祝福；心怀好意，却用资产造成伤害的人应该受到诅咒。

庞大的遗产对你的子女未必是好事。

在描述向你所爱的或你感到有责任的人转移财富的可能性之前，应该记住，金钱具有强大的象征意义。心理医生觉得很奇怪，在治疗过程中，病人会谈到与父母亲的关系、儿时的体验、主要的希望和恐惧，甚至可以畅谈通常是隐私的事情，如梦和性体验，但他们几乎从不涉及的一个话题是金钱。

大多数人发现很难坦诚、充分理性和明智地讨论有关金钱的事情，因此在规划如何将你的钱留给其他人时，最好特别小心谨慎。不错，钱现在是你的，你活着的时候也是你的，但是这两种令人高兴的情况不会永远持续。而且在各种象征中，钱是最有威力的核设施，象征很多东西，对不同的人有不同的意义，而且其中的意义还经常相当出人意料。

规划健全的财产计划时，你可能希望得到专家在法律方面的建议。但是，考虑到每个人都有自己的目标和资源，并希望自己制定决策，因此需要考虑下面几个问题：

1. 每一位有资格设立个人退休金账户的人，都应该设立一个这样的账户，每一位有足够财力的人，每年都应该按其上限投入资金（美国目前的上限是2000美元），以便让长期复利和税收延迟（tax deferral）这两种引擎发挥神奇的力量。

   让你的儿孙辈趁早开始。从他们出生时起，你每年可以为每一个人投入最高2000美元的金额。

2. 你每年最多可以给每一位你希望赠与的人1万美元，不必缴税，已婚夫妇每年可以彼此互赠2万美元。长期而言，大多数投资者可以把这种年度赠与额度作为一生遗产税规划和投资管理计划中的主要部分，甚至成为最重要的部分。

   你可能会特别注意子女。这种赠与确实可以累积起来（原因之一是赠与部分未来赚取的投资收益，是用孩子的税率课税，这种税率肯定比你的税率低）。经过20年，每年赠与的1万美元如果能够进行明智的投资，可能累积到将近50万美元。

   这种赠与的主要优点是：在你去世时，可以完全规避缴纳遗产税。这种方法成功的关键还是时间和复利，因此要认真规划，尽早开始，并且始终遵循计划。

3. 在个人的其他免税赠与方面，你一生有100万美元的上限。认真地研究遗产税率表，尤其是在研究了你可能会遇到的最高递增税率后，你就会迫切地希望利用这种赠与权利。复利的累积效果会鼓励你在人生的早期就开始利用这种权利。

4. 虽然伊丽莎白时代的法律反对“永久所有权”，但美国国内收入署却容许你在100万美元的限额内，成立跨越世代的免税家族基金，以便作为教育费用，而不必负担遗产税（你的子女可以决定其信托资产如何在你的后代之间进行分配）。这笔资金在进入这种基金前，必须先缴纳赠与税或遗产税，然而，缴纳了这笔最初的税收之后，资产就可以在80～100年间不必再纳税。请记住，如果投资在发生缴纳所得税后，每年增加7%，每10年就会增加1倍，经过100年，100万美元就会变成10亿美元。同时家族基金可以像家族银行一样运作，可以视需要分配额度或贷款给家族成员。富有的投资者应该考虑这个做法。

5. 有一个奇特的法规——“合格个人住宅信托”（Qualified Personal Residence Trust）——使你能够将住宅所有权转移给子女，并且在一段期间内（如15年）不必支付租金，照样住在你自己的房子里。只要你不在信托到期前去世，就可以节省一大笔遗产税，同时又可以把所有权转移给你的子女。

   例如，一栋价值100万美元的住宅，以应税赠与物品的方式进行移转，计税时，价值只有目前行情的两成到三成，原因在于美国国内收入署认为，赠与物应税现值只是子女在15年信托期结束时接收权的价值。

钱象征很多东西，对不同的人有不同的意义。

6. 如果你希望向后代转移大笔资金，却担心在他们到达“财

务成熟”的年龄之前，过早地拥有太多的钱会扭曲他们的价值观和人生，那么你可以考虑美国前总统肯尼迪的夫人、后来嫁给希腊船王欧纳西斯的杰奎琳的安排①。

以下是杰奎琳大致的做法：设立一个信托，期间是20~30年，规定每年将应纳税所得额（income payable）的一部分转移给你最喜欢的学校或慈善机构（可以是固定的金额，也可以是信托资产的某一比例），信托的本金在20~30年期满后付给选定的受益人。这种做法没有遗产税，只有根据国内收入署规定的利率折价后的信托本金估计净现值必须缴纳赠与税，这种净现值只占本金在30年后市值的一小部分。

如果你担心现在把财富转移给30~35岁的受益人有可能造成伤害，却肯定未来转移同样多的财富不会伤害届时已经60~65岁的同一个人，那么这种信托就可能是既能有效转移财富，税负又最低的方法（请注意，所有关键数字都根据很久以后市值的长期估计值，聪明的投资者会希望在不同的情况下，研究出信托的特殊条款和投资策略，并且选定自认为最有信心和最安心的选择）。

7. 遗产税律师会建议你，在你去世后，最适合捐赠给慈善机构的资产，可能是你目前免税、定额支付的退休基金，如401(k)、403(b)、个人退休金账户或利润共享计划。

这种异常状况令人惊异，却千真万确，因为这些资产必须包括在你的遗产中。这意味着你不但会遇到遗产税的问题，还会在你去世当天当资产转移给受益人时遇到所得税的问题。然而，如果你决定把本金捐赠给慈善机构，这

① 后来她的子女根据其遗嘱中的一条可选择的规定，撤消了这种安排。

两种税都可以避免。

在探讨任何复杂问题时，逆向推理可能是消除忧虑的好方法，投资者可以不把遗产税当成财产税，而是当成一种你不愿意在自己还活着时（特别是在离死亡还很遥远的时候）就做出如何分配财富的不可撤销的决定而导致的税收。如果你现在愿意，而且能够对你的资金在长远的未来如何处理做出不可撤销的决定，那么你就可以节省大量的税负，就像本杰明·富兰克林所说的："省下一分钱，就是赚一分钱。"

大部分投资者不愿意做出这种分配财富的决定，但是，请记住，只有现在愿意对未来的事情做出决定，才可以最大限度地利用复利的力量，以实现你经过深思熟虑后制定的目标。

要在一生中实现最大的财务成功，需要五个阶段或层次：

- 赚钱。
- 储蓄。
- 投资。
- 捐赠。
- 遗产规划。

在理想的情况下，你可以享有完整、平衡的生活，同时在每一个阶段遵循你的价值观，利用一系列可行而且可得的机会，实现最大的成就。

始终努力最大化储蓄和投资的投资者，会希望将同样多的注意力放在最小化税负尤其是遗产税上，这样可以最大化用于实现预期财务目标的资金数量。

如果在扣掉想要转移给家人和其他人的钱之后，投资者还有多余的资金，不应该忽视可能是你自己创造的能够让好事成真的、意义深远的机会。

“捐钱行善”的说法使整个理念走上错误的方向。相反，你要发挥想像力，努力找出方法运用你多年来创造、储存下来的价值，促使好事成真，造福你所爱的人和机构。你在促成众人的生命良性发展的过程中，可以得到绝大的快乐和个人的精神满足。

> 把钱当成你创造、储存下来的价值。

要选择那些能够给你带来精神上的满足或愉快的行动。你提供资金，协助这些美梦成真。就像很多其他人一样，你把财力用在你真正喜爱的行动和价值观上，你可能会发现自己十分满足。毕竟你的财力确实是你凭借自己的努力、想像力和好运储存下来的成果。以下是你可以发挥影响的一些方法：

- 设立奖学金，资助期望在艺术、科学或商业上有一番作为的青年才俊。
- 捐赠奖学金，协助生活困难、需要有人帮忙走上正途的青年学子。如果你想不到什么特定的学校，可以考虑只接受念不起大学的青年学子的学校。
- 为科学、医学或社会公正提供财务支持。
- 资助医院、收容所和为处境困难的人提供帮助的其他机构。

- 通过奉献时间和金钱以使好事成真，你可以使你所在的社区中的人生活更美好。
- 为可以极度丰富人类生活的艺术、音乐、舞蹈或剧院提供资金。

你最大的满足可能来自于为一家大型的全国性机构、全球性组织或自己所在社区中的一家小小的实体提供服务。有经验又活跃的善心人士一致认为，捐赠固然重要，但同时投入时间、技能和精力会使你得到更大的享受和满足。不要把你整个人生经历中这个重要的部分留在阁楼上的储藏室或放在银行里，而让别人享受行善的快乐。你可以到处看看，通过积极的长期捐赠计划努力参与到慈善事业中。

捐赠者都有这样的体验：看到自己创造的财富——这是他们通过提供更好的服务和产品而在其多年的工作中创造的——以对他们非常有意义的方式在其有生之年重新焕发了生机时，他们真的感到非常欣慰。有一句老话说得好："生不带来，死不带去。"凡是设法回报一些东西的人，在谈到人生的这一层面时，毫不例外都会表现出衷心的满足①。

奉献出自己的时间、才能和金钱可以使你从两个方面得到补偿。对你自己来说，看到现实中的人和组织受益，你可以从中得

① 我个人获得的"启示"之一，是1974年我在纽约洛克菲勒中心里的Charley O's餐厅享用蛤蜊时得到的。餐厅墙壁上挂满了电影明星的巨幅黑白照片，每张照片下面都写着这位明星说过的名言。我这张桌子旁边的墙壁上高挂的明星照片是出生于塔斯马尼亚的浪子埃洛·弗林（Errol Flynn），他说的那句话是："凡是死后留下1万美元以上的人都错了。"埃洛·弗林说这句话时，一定另有所指，我却立刻决定要避免缴纳过多的遗产税，方法是在自己一生中多施多与。我宁可在捐赠后感到后悔，也不愿捐赠得太少或太晚。这样做一直很有意义，也充满乐趣，而且会得到很多补偿。

到莫大的个人满足；而且和善于鼓舞别人又有意思的人在一起，一同参与有价值的活动，结交宝贵的新朋友，也是令人十分满足的个人体验。

与投资的其他领域一样，事前计划、在能力限制范围内保守而为之，并且善用时间，及早开始，做出有价值的贡献，只要自己力所能及，就始终持之以恒，这样才算是明智[①]。

① 克劳德·罗森伯格（Claude Rosenberg）除了写了好多本好书教人如何投资赚钱之外，也写了一本《富而睿智》（*Wealthy and Wise*），率先探讨了如何在你的能力范围之内进行奉献的问题。

CHAPTER 20

第20章
你现在可以开始了

是你——而不是你的专业投资经理——需要对投资成功负起最大的责任。你的关键责任是确定自己的长期投资目标，并且在专业经理人的建议下，制定一套经过深思熟虑、能够实现投资目标的务实投资策略。

只有把制定投资策略和操作投资组合这两种责任分开，你才能授权投资经理在日常的投资组合操作中推动投资策略的实施，而自己又不放弃制定目标、确保你的投资策略能够实现目标的责任。

投资策略的重要目的是提供合理的指南，特别是在市场状况最令人不安、投资策略最令人焦虑的时候。

你应该研究你的整个投资状况、对风险的忍受能力，以及投资市场的历史，因为市场有时出现的严酷现实与你的财务与情感需要不协调时，可能会造成重大的伤害。

研究了投资现实的投资者有能力保护自己和自己的投资，使自己和投资免受一种极为常见却不实际的理念影响，即他们能够找到可以真正“战胜市场”的投资组合经理。老练的投资者都知道，积极的投资经理要击败市场，唯一的方法是找到并利用其他投资者的错误，少让其他人找到和利用自己的错误；而那些努力战胜市场的投资经理却常常过于努力并成为市场的手下败将。大多数坚持尝试击败市场的投资经理和客户，不管是通过他们自己的努力还是与专业投资经理共同努力，都会对结果感到失望。这是一场输家的游戏。

幸运的是，有一个轻松的方法可以赢得输家的游戏——即不参与这种游戏，至少不是照现在已经极为过时的传统规则来玩儿。乔治·马歇尔（George Marshall）忠告手下的高级将领，赢得第二次世界大战的方法是：“不要和问题作战。”要接受现实，就像扑克牌专家的建议一样：“要根据手上的牌玩儿。”伟大的高尔夫教练汤米·阿莫尔（Tommy Armour）明智地建议道：“要把球打到下次容易击球的位置。”

时代变了。现有的管理投资组合、击败市场的老方法已经过时，一种新的方法出现了，而且很有效。这个方法不太重视投资组合操作，同时特别不赞成冒险的操作方法，而是关注经过仔细思考、明确记录和定义清楚的长期投资策略。

认识到投资者承受高于平均的市场风险的激励和报酬是较高的回报，而且最高的回报来自权益投资，那么你就应该在投资组合的资产配置中，依据你的经济和情感所能承受的限度，确定最高的权益投资比例，并且长期维持下去。

要做好你的工作，你必须了解市场在短期内难以驾驭的本质，也必须了解市场在长期中的一致性。这种理解能够提高你对市场暂时波动的承受力，并使你专注于投资组合的长期目标，充分利用投资者最大的资源——时间。

损失每天都会发生，股价每天都有涨有跌，通货膨胀日复一日地侵蚀投资的购买力。其中的挑战是避免重大损失，这也是机会所在。

老话说："如果你发现了一个问题，那么就去寻找答案。"在多年前写《输家的游戏》一文时，我对寻找答案这一任务深感兴趣①。永远正确的是，寻找答案需要"跳出框框进行思考"，并重新定义问题。这样我的关注点从输家的游戏（更加努力地寻找战胜市场的方法）跳出来，转向赢家的游戏，即关注长期资产组合和投资策略的宏观图景，并长期坚持。

出于三个原因，个人投资者对我非常重要：第一，他们的人数众多，在美国有将近 5000 万人，其他许多国家也会有这么多人；第二，几乎所有的个人投资者都是"依靠自己"来确定长期投资策略，因为几乎没有哪位投资咨询人员有能力以合理的费用给个人投资者提供所需的建议；第三，实际上，许多投资指南类的书籍都传递了错误的暗示，即个人可以战胜专业投资者。个人做不到这一点，也不可能做到这一点。

而且，个人投资者也没有必要做到这一点。成功的投资不依赖于战胜市场。试图"击败市场"——比其他投资者做得更好——将会转移你在设计长期投资规划这一相对简单但更有意义的工作上的注意力，而设计长期规划能够为你带来更优异的结果。

如果和我一样，你也感觉到本书提供的一些建议非常简单，那么请记住我最好的两个朋友的观察结果，他们都是杰出的医务工作者，并处于事业的顶峰。他们认为，医学史上最重要的两个发明是青霉素和洗手（这阻止了助产士将疾病从一位母亲传给另

---

① 发表于 1975 年的《财务分析家月刊》（*Financial Analyst Journal*），赢得了行业中的 Graham Dodd 奖。

一位母亲，1900年以前这种情况经常发生）。另外，我的朋友们建议，戒烟和驾车时系上安全带是长寿的最好办法，没有比这更有效的方法了。我们学到的一课是，建议并不是越复杂越好。

坚守思虑周全的长期投资策略是投资的成功之道，其中所需的行动并不复杂，真正的挑战是坚守长期投资的纪律，避免因为发生在身边、对投资没有什么真正价值的事情而分心。坚守长期投资纪律是你的主要责任，也是对投资发挥作用的机会。要赢得“击败市场”这一输家的游戏很容易，就是不参与这种游戏。把精力集中在赢家的游戏上，制定出符合市场现实和个人长期目标的健全的投资策略，然后谨守不渝。

尽管所有人都知道，每个家庭的基金——退休基金或捐赠基金也一样——面临的情况各不相同（而且这些差别通常都很大），尽管传统的意见认为这些显著的差别应该反映了不同的投资策略和实践，但实事是，大多数基金的投资组合都很相似。

事情不应该是这个样子的。投资者的需求和目标是不一样的，他们的投资组合也应该是不一样的。而且，投资经理与客户之间的关系也应该是不同的。有些客户是老练的专家，而其他客户则不是。由于客户的知识不同，他们同投资经理的关系也不相同。

如果没有从客户那里得到明确的指示，投资经理很自然地会走上中庸之道，将投资组合中性化，遵守常规（对所有投资者千篇一律也更容易一些）。因此，投资经理将倾向于为所有投资者打造平均化的投资组合，而不是设计符合不同投资目标的投资组合。

具有讽刺意味的是，专业投资经理同时也会一次次地悲叹他们感到自己要在投资决策方面进行妥协，因为客户没有做好他们的工作。特别是，投资经理相信，如果他们的客户对投资过程能够采用更长期的观点，他们就能取得更好的结果，并使投资组合更符合客户的真正需要。

客户“拥有”建立和执行长期投资策略的核心责任。这种责任不能授权给投资经理，这是你的工作，而不是他们的。幸运的是，客户能够在对当代证券分析或投资组合管理的操作复杂性缺乏丰富经验的情况下履行这种责任。

为了自己履行这种责任，你需要具备三个特质：（1）对你真正的兴趣和目标有一个明确的理解；（2）你需要对资本市场和投资包括市场先生狡猾的诡计有正确的理解；（3）锻炼自己设计并坚持能在长期中实现你的真正投资目标的基本投资策略。这正是本书的要点。

专业投资经理应该鼓励他们的客户以这本书为指南，使他们成为有学识的、积极的并且成功的客户。

本书是对当前投资实践的猛烈批判，但绝不是对投资经理的谴责。问题不是专业经理缺乏技能与勤奋，而是恰恰相反，试图战胜市场的问题是专业投资经理太有天赋、数量太多而且太献身于他们的工作，以至于作为一个整体，他们使其中任何一个人都难以显著地好于其他人，特别是在长期中。

在试图战胜市场方面存在两个不同的问题。其一是极其难以实现这一点——当你试图做得更好时，结果却很容易适得其反。其二是，将“击败市场”作为首要目标的问题在于，它会转移你在建立符合自己要求的长期目标与投资策略方面的注意力。

投资经理的真正目标不是“击败市场”，而是做对特定客户来说正确的事情。

投资者重要吗？当然了，但只有在维持自己的权威并履行自己的责任时你才重要：确定投资目标、开发合理的投资策略、坚持要求你的投资经理在对投资组合的日常操作中承担起执行长期投资策略的责任。

本书的观点很明确：投资者常常把本应由他们承担的责任授权——更准确地说，应该是推卸——给投资经理。他们无法推卸的责任是建立与其目标一致的投资策略，使他们的长期目标适合于他们的特定基金，管理投资经理以确保他们的投资策略被执行了。

本书为那些愿意接受客户的核心责任并希望在实现自己真正且现实的目标中获得成功的人提供了指南。

其实客户应该更关心其资金的管理方式，但事实上通常他们对其不闻不问——直到为时已晚。简言之，本书是为那些准备为自己的投资命运负责的人写的。

你现在知道了取得真正的投资成功所需的一切——成为专业投资经理的成功客户。准备好享受成功的投资吧。你可以出发了。

临别赠言

物理学家理查德·费曼（Richard Feynman）说："怀疑是通向创造的必要的第一步。"我学会了验证我的答案，尤其是在证据非常明显的时候，我会问："我会不会出错?"你在本书中读到的所有基本内容都是一些不变的事实：

- 优秀的、努力工作的专家数量不会减少，肯定不会让投资成为20世纪60年代的赢家的游戏。
- 由机构——以及那些领导它们的杰出专家们——控制的交易比例不会降低，投资仍然是很危险的事。
- 也许某一天大家都会认识到，最后一批没有倒下的人将有机会拥有一切。总会有那一天的。

当这些事情发生时，别忘了与我联系。同时，我还有更有意义的事情要做——从中我可以在时间和金钱方面都取得成功。你也一样。

如果你想读更多的书，这里有10个选择，你会发现它们很有意思，十分值得一读。

1.《伯克夏·哈撒维公司年度报告》（*Berkshire Hathaway An-*

nual Report)。最成功的投资者沃伦·巴菲特用风趣、直率的方式解释了他和查理·芒格（Charlie Munger）所做的一切以及为什么要那样做。这些非凡的报告像是轻松的休闲读物和大师的谆谆教导，是投资者开放的教室。伯克夏公司著名的股东年会也是同样的公正、有趣、使人增长见识。当前以及过去年份的报告可以通过因特网查到。

2. 本杰明·格雷厄姆所著的《聪明的投资者》（*The Intelligent Investor*）。格雷厄姆是公认的投资管理职业的创立者。这是一本“高级入门书”，也是曾经为格雷厄姆工作过的沃伦·巴菲特推荐的唯一一本投资著作［如果你想了解得更深入、更宽泛、更准确，可以去读一读《证券分析》(*Security Analysis*)，在70年中，本书一共再版了6版，一直是专业投资者的圣经］。
3. 《伯格论投资》（*Bogle on Investing*）。杰克·伯格（Jack Bogle）是Vanguard公司的创始人，是个人投资者的保护神，是一位拥有奇特但令人愉快的思维、精于写作的改革者，他的很多话都值得我们珍视和利用。
4. 《机构投资与基金管理的创新》（*Pioneering Portfolio Management*）。作者大卫·斯文森（David Swensen）是耶鲁成功的首席投资官，他解释了如何利用完全现代的方法来管理一个大型免税投资组合，书中没有行话、没有复杂的公式，却拥有许多优秀的思想和判断。认真的业余人士很容易理解这本书的内容，它是一本关于专业投资的最佳书籍。
5. 《半斤非八两：跳出理财的心理陷阱》（*Why Smart People Make Big Money Mistakes—and How to Correct Them*）。本书

作者为贝斯基（Gary Belsky）和季洛维奇（Thomas Gilovich）。这本书讲解了为什么我们会在金钱方面制定错误的决策，以及如何防范自己的错误和我们过于人性化的倾向。

6. 《乌合之众：大众心理研究》（*The Crowd*）。本书作者为古斯塔夫·勒庞（Gustave LeBon）。本书描述了当聪明的人们加入到团体中后（更糟糕的是成为乌合之众的一部分）如何失去理性和个性。投资者常常表现出“群体行为”（crowd behavior）。

7. 《你最需要的投资指南》（*The Only Investment Guide You'll Ever Need*）。本书作者为《财富》杂志的安德鲁·托比亚斯（Andrew Tobias）。这是一本入门书，清晰、易懂、公正且有趣。

8. 《漫步华尔街》（*A Random Walk down Wall Street*）。本书作者是普林斯顿大学最受欢迎的教授之一波顿·麦基尔（Burton Malkiel）。最近，该书卖出了其第100万本。本书讲述了专家们应该知道的知识，为大众提供了直接的指南。

9. 《投资者文选》（*An Investor's Anthology*）。这是一本为专业投资者提供的书籍，包括了一些著名的见解和思想。

10. 《富有与智慧》（*Wealthy and Wise*）。本书作者为克劳德·罗森伯格（Claude Rosenberg），解释了如何识别自己可以再投资于慈善事业的财富的数量，以使你的生活更丰富，这是一本思想深刻、具有挑战性的书。

一些关于投资的最佳文章和思想来自五大记者。我会努力阅读他们发表的所有文章。

- 《华尔街日报》(*The Wall Street Journal*) 的乔纳森·克莱门茨 (Johathan Clements)
- 《财富》(*Fortune*) 的卡罗尔·卢米斯 (Carol Loomis)
- 《纽约时报》(*The New York Times*) 的弗洛伊德·诺里斯 (Floyd Norris)
- 《金融时报》(*The Financial Times*) 的巴里·瑞利 (Barry Riley)
- 《金钱》(*Money*) 的贾森·茨威格 (Jason Zweig)

书系代码	书 名	作 者	定 价
经营管理			
BM001	《并购成长》(Digital Deals)	Geis	29.80
BM002	《绩效！绩效!》(企业培训版) (Coaching for Improved Performance)	Fournie	39.80
BM003	《质量无泪》(Quality Without Tears)	Crosby	39.80
BM004	《海阔天空——我在 DELL 的岁月》	方国健	20.00
BM005	《心时代——一个情感化的世界及其经济图景》	曹世潮	20.00
BM006	《情境领导者》(The Situational Leader)	保罗·赫塞	18.00
BM007	《EMBA 销售管理》(Sales Management)	Calvin	45.00
BM008	《EMBA 财务管理》 (Finance and Accounting for Non-financing Managers)	Weston	49.80
BM009	《EMBA 兼并与收购》(Mergers and Acquisitions)	Weston	38.00
BM010	《EMBA 公司战略》(Corporate Strategy)	Colley	39.80
BM011	《EMBA 创业管理》(Entrepreneurial Management)	Calvin	49.80
BM012	《EMBA 领导艺术》(Managerial Leadership)	Topping	35.00
BM013	《EMBA 战略营销管理》 (Strategic Marketing Management)	Parry	42.00
BM014	《EMBA 公司治理》(Corporate Governance)	Colley 等	49.80
BM015	《六西格玛是什么》(What is Six Sigma)	Pande	15.00
BM016	《六西格玛基础教材》(The Six Sigma Basic Training Kit)	Juran	80.00
BM017	《六西格玛团队实战手册》 (The Six Sigma Way Team Fieldbook)	Pande, Neuman, Cavanagh	49.80
BM018	《六西格玛团队怎么做》(Six Sigma Team Pocket Guide)	Federico	16.00
BM019	《杰克·韦尔奇领导艺术词典》 (Jack Welch Lexicon of Leadership)	Krames	32.00
BM020	《杰克·韦尔奇的 29 个领导秘诀》 (29 Leadership Secrets from Jack Welch)	Slater	29.80
BM021	《通用电气"群策群力"》(GE Work – Out)	Ulrich 等	39.80
BM022	《顶峰》(Million Dollar Consulting)	Weiss	48.00
BM023	《战略计划实务》(Applied Strategic Planning)	Goodstein 等	48.00
BM024	《平衡计分卡实用指南》(Balanced Scorecard)	Paul Niven	49.80
BM025	《战略物流管理》(Strategic Logistic Management)	Stock	80.00
BM026	《整合——企业并购成功之道》(M&A Integration)	Schweiger	39.80
BM027	《战略领导》(The Art and Discipline of Strategic Leadership)	Freedman	32.00
BM028	《经理薪酬完全手册》 (The Complete Guide to Executive Compensation)	Bruce R. Ellig	65.00

书系代码	书　名	作　者	定 价
BM029	《突破困境的领导艺术》(Leadership When the Heat's On)	Cox, Hoover	39.80
BM030	《朱兰自传》(Architect of Quality)	Juran	50.00
BM031	《卓越领导》(The Extraordinary Leader)	Zenger 等	39.80
BM032	《精益六西格玛案例》(Learning into Six Sigma)	Wheat 等	18.00
BM033	《领袖魅力》(Executive Charisma)	Benton	39.80
BM034	《西南航空案例》(The Southwest Airlines Way)	Gittell	49.80
BM035	《危机领导》(Leader Shock)	Hicks	29.80
BM036	《应变》(Agile Business for Fragile Times)	麦卡锡　等	35.00
BM037	《绩效导向的领导力》(Results-Based Leadership)	Ulrich　等	49.80
BM038	《企业沟通的威力》(The Power of Corporate Communication)	Argenti　等	39.80
BM039	《贯彻执行　现在就做》(Why Can't We Get Anything Done Around Here?)	李夫顿　等	20.00
BM040	《高效能团队领导智慧》(Leadership Lessons of The Navy Seals)	坎农　等	39.80
BM041	《竞争性销售》(Hope is not a Strategy)	佩吉	39.80
BM042	《丰田汽车案例》(The Toyota Way)	莱克	49.80
BM043	《风险管理》(Risk Management)	科罗赫　等	80.00
BM044	《团队工作》(The Work of Teams)	卡岑巴赫	39.80
BM045	《通用电气案例》(GE Work-out)	Ulrich　等	49.80
BM046	《质量无泪》(修订版)	Crosby	39.80
BM047	《绩效改进 19 讲》(201 Ways to Turn any Employee Into a Star Performer)	霍利	29.80
BM048	《人性管理》(The Uncertain Art of Management)	奥斯曼	39.80
BM049	《透明管理》(The Transparency Edge)	佩格诺	29.80
BM050	《成本改进 181 法》(A Manager's Guide to Creative Cost Cutting)	大卫·杨	29.80
BM051	《直觉》(The Art of What Works)	杜根	39.80
BM052	《劣势者的优势》(The Underdog Advantage)	莫里	39.80
BM053	《精益六西格玛服务》(Lean Six Sigma for Service)	乔治	55.00
BM054	《活学活用博弈论》(Game Theory At Work)	米勒	39.80
BM055	《巅峰绩效》(Peak Performance)	卡岑巴赫	39.80
BM056	《丰田汽车:精益模式的实践》(The Toyota Way Fieldbook)	莱克　等	65.00
BM057	《什么是公司治理》(What is Corporate Govermance)	科利　等	18.00
BM058	《MBA 名校的 10 堂课》(What the Best MBAs Know)	纳瓦洛	49.80
BM059	《现代企业管理教程》(Understanding Business)	尼科尔斯　等	50.00
BM060	《领导艺术》(The Art of Leadership)	曼宁　等	50.00
BM061	《产品生命周期管理》(Product Lifecycle Management)	格里夫斯	49.80
BM062	《创新从头开始》(What customers want)	伍维克	29.80
BM063	《创新引擎》(Fast Innovation)	George	39.80
BM064	《苹果电脑案例》(The Apple Way)	Cruikshank	39.80
BM065	《企业外包实务》(The Manager's Step-by-Step Guide to Outsourcing)	Dominguez	29.80

书系代码	书　　名	作　者	定 价
BM066	《重塑创业精神》(Lead Like an Entrepreneur)	桑伯里	45.00
BM067	《顾客导向》(The Outside-In Corporation)	邦德	39.80
BM068	《定价与收益优化》(Pricing and Revenue Optimization)	菲利普斯	60.00
BM069	《笑梁山》	陈实	35.00
BM070	《价值流管理:面向全局供应链的精益方法》	多尔斯麦思卡罗	43.00
BM071	《新企业所得税法与会计准则比较分析》	张炜	68.00
BM072	《丰田产品开发体系》	摩根,莱克	60.00
BM073	《联想:中国 IT 企业国际化品牌行销之道》	周锡冰	39.80
BM074	《每秒千桶》(A Thousand Barrels a Second)	特扎基安	39.80
经济学			
E-001	《中国经济》(Chinese Economy)	蔡昉,林毅夫	39.80
E-002	《宏观经济学》(Macroeconomics)	Dornbusch	60.00
E-003	《经济学》(Economics)	McConnell,Brue	79.00
E-004	《微观经济学》(Microeconomics and Behavior)	Frank	65.00
E-005	《环境经济学》(Introduction to Environmental Economics)	Field 等	50.00
E-006	《财富的诞生》(The Birth of Plenty)	Bernstein	49.80
E-007	《ArcView GIS® 与 ArcGIS® 地理信息统计分析》(Statistical Analysis of Geographic Information with ArcView GIS® and ArcGIS®)	David Wong 等	58.00
管理学			
MT001	《战略物流管理》(Strategic Logistic Management)	Stock	80.00
MT002	《物流战略咨询》(Supply Chain Strategy)	Frazelle	49.80
MT003	《组织人员配置》(Staffing Organization)	Heneman, Judge	
MT004	《战略管理》(Strategic Management)	Dess 等	40.00
MT005	《数据模型与决策:运用电子表格建模与案例研究》(第1版)(Introduction to Management Science)	Hillier 等	75.00
MT006	《数据模型与决策:运用电子表格建模与案例研究》(第2版)(Introduction to Management Science)	Hillier 等	75.00
MT007	《电子商务导论》(Introduction to E-Commerce)	雷波特　等	58.00
MT008	《供应链设计与管理》(Designing and Managing The Supply Chain)	辛奇—利维　等	40.00
MT09	《管理学基础》(Management)	克尼基　等	48.00
MT010	《定价》(Pricing)	门罗	65.00
MT011	《精通战略》(Mastering Strategy)	雷格斯比　等	39.80
MT012	《战略采购管理》(Harnessing Value in the Supply Chain)	班菲尔德	39.80
MT013	《逆向管理》(Don't Oil the Squeaky Wheel)	Rinke	39.80
MT014	《跨国管理》(Transnational Management)	Bartlett 等	79.80
MT015	《运营管理》(Matching Supply with Demand)	Cachon 等	50.00
MT016	《供应链与价值网创新企业案例》	任建标	35.00
营销管理			
MM001	《定位》(Positioning)	Ries & Trout	39.80
MM002	《营销战》(修订版)(Marketing Warfare)	Ries & Trout	39.80

书系代码	书　　名	作　者	定价
MM003	《营销革命》(Bottom-up Marketing)	Ries & Trout	39.80
MM004	《新定位》(The New Positioning)	Trout	39.80
MM005	《颠覆广告》(Disruption)	让—马贺·杜瑞	40.00
MM006	《创意的竞赛》(Which Ad Pulled Best?)	Purvis	39.80
MM007	《广告文案名人堂》(The Art of Writing Advertising)	Higgins	29.80
MM008	《产品经理的第一本书》(The Product Manager's Handbook)	Gorchels	39.80
MM009	《全球整合营销传播》(Communicating Globally)	舒尔茨	39.80
MM010	《整合营销传播:利用广告和促销建树品牌》(IMC: Using Advertising and Promotion to Build Brands)	Duncan	298.00
MM011	《市场战略》(The Market Makers)	Spulber	48.00
MM012	《全球营销》(Global Marketing)	乔尼·约翰逊	60.00
MM013	《网络营销》(Internet Marketing)	默罕默德　等	65.00
MM014	《产品经理的第二本书》(The Product Manager's Field Guide)	Linda Gorchels	39.80
MM015	《营销学基础》(Essentials of Marketing)	佩罗特,麦卡锡	60.00
MM016	《文案发烧》("Hey, Whipple, Squeeze This.":A Guide to Creating Great Ads)	苏立文	39.80
MM017	《小鱼吃大鱼》(Eating the Big Fish)	摩根	45.00
MM018	《什么是战略》(Trout On Strategy)	特劳特	29.80
MM019	《整合营销传播:创造企业价值的五大关键步骤》(IMC: the Next Generation)	唐·舒尔茨　等	39.80
MM020	《促销管理的第一本书》	Schultz	39.80
MM021	《广告箴言》(And Now a Few Words From Me)	加菲尔德	29.80
MM022	《营销计划手册》(The Successful Marketing Plan)	赫宾 等	68.00
MM023	《渠道管理的第一本书》(The Manager's Guide to Distribution Channels)	哥乔斯 等	35.00
MM024	《项目管理的第一本书》(The McGraw-Hill 36 – Hour Project Management)	库克,塔特	
MM025	《细读杰克·韦尔奇》	Krame, Slater	39.80
MM026	《品牌资产管理》(Brand Asset Management)	戴维斯	39.80
MM027	《互愿营销》(Opt-In Marketing)	罗曼 等	39.80
MM028	《小技巧　大销售》(401 Killer Marketing Tactics)	费尔藤斯坦	39.80
MM029	《作业成本管理的第一本书》(Common Cents)	特尼	39.80
MM030	《产品经理手册》(The Product Manager's Handbook)	哥乔斯	55.00
MM031	《商战》(20 周年纪念版)(Marketing Warfare)	Ries & Trout	68.00
MM032	《博客营销》(Blog Marketing)	Jeremy Wright	39.80
MM033	《品牌驱动力》(Building the Brand-Driven Business)	戴维斯,邓恩	39.80
MM034	《定价的艺术》(The Art of Pricing)	Mohammed	29.80
销售管理			
SM001	《成功销售管理的 7 大秘诀》(7 Secrets to Successful Sales Management)	Wilner	39.80

书系代码	书 名	作 者	定价
SM002	《电话行销,轻松成交》	姚能笔	39.80
SM003	《摸透顾客心》(Ten Demandments)	Mooney Bergheim	39.80
SM004	《练就铁齿铜牙》 (Secrets of Power Persuasion for Salespeople)	Dawson	39.80
SM005	《轻松收款》(Collections Made Easy)	卡罗尔	39.80
SM006	《打倒墨菲定律 挽救我的销售》 (Beating the Deal Killers)	Giglio	39.80
SM007	《增加销售的12种核心技术》(Beyond E)	Diorio	39.80
SM008	《销售管理》(Sales Force Management)	Johnston 等	49.00
SM009	《汽车销售的第一本书》	孙路弘	39.80
SM010	《终极销售力》(Ultimate Selling Power)	莫伊,洛伊德	39.80
SM011	《顶尖销售的25堂课》 (Secrets of Top Performing Salespeople)	乔诺 等	29.80
SM012	《引爆销售的10大黄金法则》	Desena	39.80
SM013	《再造销售奇迹》	Eades	39.80
SM014	《攻心式销售》	Bosworth	24.80
SM015	《百万销售师》	Gardner	24.50
SM016	《成交》	Victor	29.80
SM017	《直销经理的第一本书》(Making Millions in Direct Sales)	马拉汉 等	39.80
职场发展			
CD001	《外企面试宝典》(More Best Answers to the 201 Most Frequently Asked Interview Questions)	DeLuca	25.00
CD002	《人才心理测评》(Psychological Testing at Work)	Hoffman	25.00
CD003	《演讲的艺术》(Strictly Speaking)	Buckley	29.80
CD004	《五大会计师行》	周年洋 等	24.80
CD005	《职业经理自修手册》 (The Manager's Self-development Guide)	Pedler	35.00
CD006	《关键对话》(Crucial Conversations)	Patterson 等	29.80
CD007	《静思录》(Finding Your Strength in Difficult Times)	David Viscott	19.80
CD008	《商务英语书信写作精益求精篇》	康宁汉 等	29.80
CD009	《商务人士日常书信写作》(Great Personal Letters for Busy People)	布赫	48.00
CD010	《销售信函》(Sales Letters Ready to Go)	贝塞尔 等	32.00
CD011	《商务信函》(Business Letters Ready to Go)	Bayse	39.80
CD012	《我爱笨老板》(How to Work for an Idiot)	胡佛	29.80
CD013	《实用英语动词短语》(Basic Phrasal Verbs)	斯皮尔斯	35.00
CD014	《赛马》(Horse Sense)	里斯,特劳特	29.80
CD015	《报刊装帧设计手册》(The Newspaper Designer's Handbook)	哈洛维	128.00
CD016	《君子善言》(Speak Like a CEO)	贝茨	32.00
CD017	《脱颖而出》(Shine)	汤普森	29.80

书系代码	书　　名	作　者	定 价
CD018	《量子飞跃》	谢尔顿,刘芊	29.80
CD019	《纳米说服力》	姚能笔	29.80
投资理财			
IF001	《赢得"输家的游戏"》(Winning the Loser's Game)	Ellis	29.80
IF002	《向格雷厄姆学思考,向巴菲特学投资》(How to Think Like Benjamin Graham and Invest Like Warren Buffett)	Cunningham	39.80
IF003	《巴菲特怎样选择成长股》(How to Pick Stocks Like Warren Buffett)	Vick	29.80
IF004	《最后的合伙人》(The Last Partnership)	Geisst	29.80
IF005	《财务报表分析与证券定价》(Financial Statement Analysis and Security Valuation)	Penman	98.00
IF006	《技术分析》(Technical Analysis Explained)	Pring	80.00
IF007	《技术分析 A－Z》(Technical Analysis from A to Z)	Achelis	55.00
IF008	《股票价值评估》(Valuing a Stock)	Gray　等	39.80
IF009	《蜡烛图精解(第3版)》(Candlestick Charting Explained)	Morris	60.00
IF010	《技术分析习题集》(Study Guide for Technical Analysis Explained)	Pring	25.00
IF011	《股票市场的时机选择》(Timing the Stock Market)	亚历山大	48.00
IF012	《最佳卖出点》(It's when You Sell that Counts)	卡西迪	39.80
IF013	《股市名言》(Buy the Rumor, Sell the Fact)	麦洛	29.80
IF014	《向格雷厄姆学思考,向巴菲特学投资》(修订版)	Cunningham	39.80
IF015	《华尔街投资银行史》	Geisst	49.80
IF016	《信用风险:度量与管理》	瑟维吉尼	65.00
IF017	《财务报表分析与证券定价》(第二版)(Financial Statement Analysis and Security Valuation)	Penman	98.00
IF018	《信用评分模型技术与应用》	陈建	60.00
IF019	《现代信用卡管理》	陈建	80.00
IF020	《标准普尔教你做好个人理财》(The Standard & Poor's Guide to Personal Finance)	道尼	25.00
IF021	《标准普尔教你做好第一笔投资》(The Standard & Poor's Guide for the New Investor)	马蒂夫	25.00
IF022	《标准普尔教你做好长期投资》(The Standard & Poor's Guide to Long-Term Investing)	提格	20.00
IF023	《股市法则》(Stock Market Rules)	沙伊莫	29.80
IF024	《股指期货100问》	中国国际期货武汉研究中心	25.00
IF025	《巴菲特选股魔法》	洪瑞泰	25.00

(具体数据以出书为准)

图书订购单

（可复印使用）

第一步：请您填写以下资料：

公司名称：　　　　　　　　　　　　　　　　　收书人：

发货（邮寄）地址：　　　　　　　　　　　　　邮编：

联系电话：　　　　　　　　　　　　　　　　　E-mail：

第二步：请您填写您所选购的图书及册数资料：

图书名称（请注明版次）	数　量	单价（RMB）	合计（RMB）
合　计			

第三步：请您到邮局将款项汇至以下地址：

收 款 人：中国财政经济出版社邮购部

地　　址：北京市海淀区阜成路甲 28 号新知大厦

邮　　编：100036

电　　话：010 -88190406　88190488

传　　真：010 -88190414

邮购费用：书价加 15%的邮费

第四步：请确认您是否需要增值税票，如果需要请在传真中注明您的增值税信息：

☐ 开具增值税发票　　　　　　　☐ 开具普通发票

第五步：如果您想了解其他详细情况，请垂询销售热线或发电子邮件：

TEL：010 -8819 1017　　　　　　E-mail：webmaster@ewinbook. com

第六步：请您在以下空白处签字确认：

客户：

日期：